수학원리를
제대로 배운 아이는
쉽게 계산합니다

수학원리를 제대로 배운 아이는
쉽게 계산합니다

차지혜 지음

블루
무스

• 개정판을 펴내며 •

독일 교과서식
수 인지를 더하다

한국과는 여러 부분에서 다른 독일 교과서식 사칙연산 프로세스를 경험하고 이를 한국의 학부모들에게 알리고 싶다는 마음으로 글을 쓴 것이 2021년의 일입니다. 그것이 출판사와 인연이 되어 책을 냈는데, 어느새 1년이라는 시간이 흘렀습니다.

지난 1년간 이 책을 읽고 사칙연산 학습에 많은 도움을 받았다는 후기를 정말 많이 받았습니다. 한 자리 수 덧셈 뺄셈도 잘 해내지 못하는 아이를 붙들고 '대체 왜 이러는 걸까?' 하는 생각에 울던 엄마, 시중에 나온 수학 관련 자녀 교육서는 다 본 것 같았는데 답을 찾지 못했던 엄마, 곱셈이 되지 않아 눈물을 짜며 문제집을 집어던지던 아이 때문에 힘들어하던 엄마까지. 하나같이 이 책을 만나고 엄마와 아이 모두 수학적으로 성장했다고 이야기하니 보람을 느낍니다.

이번 개정판에서는 '수 인지'를 특별히 추가했습니다. 기본적으로 연산이 되지 않는 아이들을 대상으로 썼기에 초판에서는 수 인지를 체크리스트로 간략히 다루었는데, 책이 출판된 후 미취학 자녀를 둔 학부모들에게 수 인지 방법에 대한 문의를 많이 받았습니다. 처음부터 사칙연산을 독일 교과서식으로 가르치고 싶다고 했습니다. 연산을 진행해 나가는 과정에서 수 인지가 제대로 되어 있지 않다는 사실을 깨달은 분들도 있었고요. 학부모들의 목소리를 반영해 독일 교과서식으로 0부터 10까지 수를 인지하는 과정을 상세히 담았습니다. 독일 교과서에서는 이 시기 뇌 발달에 맞추어 구체물-반구체물-수의 관계를 시각적으로 보여주는 한편, 이후 10진법과 자릿값을 다루는 데 중요한 0을 확실히 인지시킵니다. 5와 10을 기준으로 수 인지를 한다는 것도 특징이고요. 아이가 수 인지 단계를 넘었다고 해도 읽어 볼 만한 파트입니다. 그 외에도 더 읽기 좋게 문장을 매만졌습니다.

이 책을 사랑해 주시는 많은 독자분들께 진심으로 감사의 마음을 전합니다. 앞으로도 아이들이 사칙연산을 제대로 배우도록 애쓰겠습니다.

수학적 사고력의 토대,
제대로 다져 주세요

"14+5를 아이에게 어떻게 이해시켜야 할까요? 이걸 왜 어려워하는지 이해가 안 돼요."

실제 제게 컨설팅을 요청한 부모가 한 하소연입니다. 이 당연한 것을 초등학교 1학년 자녀에게 도대체 어떻게 설명하고 이해시켜야 할지 모르겠다고 하셨죠. 초등학생 자녀의 수학을 봐 주면서 한계에 부딪친다는 하소연 자체는 새롭지 않지만, 놀랍게도 이분의 직업은 중학교 수학 선생님입니다. 수학 교육 전문가마저 초등학생을 가르치는 데 어려움을 겪고 있는데, 보통 부모들은 말할 것도 없겠죠.

그런데 14+5를 계산하기까지, 뇌에서 어떤 일이 일어나는지 알고 있나요?

먼저 전체적으로 수와 연산 기호를 파악합니다. 14, 덧셈 기호, 5를 하나씩 확인하면서 두 자리 수 14와 한 자리 수 5를 더하는 것이라는 사실을 확인합니다. 이 과정에서 14는 10에 4가 더해진 값으로 십의 자리 수는 1뿐임을 인지하게 되죠. 그 후 앞뒤 수의 일의 자리를 파악하고 더하는 작업이 이루어집니다. 즉, 4+5=9라는 값을 얻죠. 이제 종합적으로 이전에 판단한 십의 자리 수와 일의 자리 수를 합해 19라는 답을 도출합니다. 어른의 기준에서는 1초도 걸리지 않겠지만, 글로 보니 어떤가요? 실제 뇌에서는 굉장히 많은 과정을 거친다는 사실을 알 수 있습니다.

어른들이 저학년 아이에게 연산을 가르치는 데 어려움을 겪는 이유가 여기에 있어요. 연산이 당연하지 않다는 걸 모르거든요. 수학을 다룰 때 필요한 추상적 사고 능력은 초등학교 3~4학년 무렵에 본격적으로 발달하기 시작합니다. 그런데 많은 부모들이 초등 저학년 아이들을 가르칠 때 자꾸 추상적 사고가 가능하다는 전제를 하고 가르치는 오류를 범하곤 합니다. 아이의 인지발달을 고려하지 않고 아이를 어른처럼 대한다는 뜻입니다. 개념은 어른에게 말하듯이 가르치고, 문제집을 들이밀고, 뜻도 모르고 풀게 하고, 문제를 풀어내면 아이가 정말 이 개념을 이해했다고 착각합니다. 그렇게 수학 첫 단추를 잘못 끼운 아이가 수학을 잘하거나 좋아할 수 있을까요?

저 역시 마찬가지였어요. "이것도 몰라?", "이건 당연한 거야." 같은 말들을 입에 달고 살았어요. '아이의 눈높이에서 설명해야 한다'라는 생각 같은 건 하지도 않았지요. 그랬던 제가, 독일 교과서식 사칙연산 학습법을 만나고 달라졌습니다.

아이의 수학적 사고력이 단단해지고 확장될 수 있도록 친절히 안

내하는 독일 교과서, 볼수록 감탄만 나오더군요. 우선 독일 교과서는 아이의 뇌 발달 과정에 맞춰 촘촘하게 구성되어 있습니다. 보고 만질 수 있는 구체적인 시각물과 구체물로 시작해 추상적인 수와 기호로 마무리하는 프로세스를 따라가다 보면 아이는 저절로 수 감각을 기르고 연산의 개념을 깊이 있게 탐구하게 됩니다. 단순 계산에서 그치지 않고 연산 자체를 끊임없이 생각하게 만듦으로써 메타인지(내가 뭘 알고 뭘 모르는지 인식하는 것)를 기르게 하지요. 뿐만 아니라 진도를 나가는 과정 자체가 결손된 부분을 발견하고, 보충하고 메울 수 있게 짜여 있어요. 자연수 연산의 마지막 단계는 세 자리 수÷두 자리 수로, 독일에서나 한국에서나 4학년 때 배웁니다. 목적지는 같은데 왜 한국 초등학생들은 연산을 어려워하고 독일 초등학생들은 쉽고 할 만한 것으로 여길까요? 그 답을 독일 교과서에서 찾을 수 있었어요. 왜 독일 아이들의 수학 자신감과 흥미도가 세계 최상위권인지 알 수 있었습니다.

저희 아이들과 경험하고 연구한 독일 교과서식 사칙연산 학습법을 실제 학부모들에게 컨설팅하며 확신을 얻었습니다. 독일 교과서식으로 공부한 아이는 남다른 수 감각을 키울 수 있다고요. 수를 자유자재로 쪼개고 합하고, 서로의 관계를 파악하며, 수를 가지고 놀 수 있어요. 이 능력은 이후 복잡한 수학을 다루기 위한 토대입니다. 이 책에서 소개하는 초등 저학년 연산은 빨리 공부하고 진도를 빼야 하는 부분이 아니라, 우리 아이가 앞으로 12년 동안 쌓게 될 수학이라는 건물의 기초 공사입니다.

수학원리를 제대로 배운 아이는 쉽게 계산합니다

이 책은 독일 초등학교 2학년까지의 사칙연산 과정을 담고 있습니다. 누구나 어렵지 않게 가르칠 수 있도록 최대한 쉽고 자세하게 서술했습니다. 실제 제가 아이를 가르치면서 설명한 내용도 예시로 들어 참고하도록 했습니다.

우선 아이의 나이나 진도에 상관없이 책을 처음부터 끝까지 속도감 있게 읽으면서 독일 교과서식 사칙연산 학습법의 전체 프로세스를 먼저 파악하세요. 그런 다음 현재 아이의 진도에 맞는 부분을 다시 한 번 깊이 있게 읽어 나가며, 아이를 지도할 때 읽은 내용을 활용하는 거예요. 방학 중에는 이전 학기 복습 혹은 다음 학기 예습용으로 활용하고요, 학기 중에는 학교 진도에 맞춰 예습·복습용으로 활용해 보시길 추천합니다. 또한 3학년 이상의 아이들이 학습 결손을 보일 때도 활용할 수 있습니다.

저와 저희 아이들이 독일 교과서식 사칙연산 학습법을 접하고 큰 도약을 했던 경험을 이 책을 접한 모든 분들이 하기를 바랍니다.

차 례

사칙연산,
독일에선 어떻게 배우고 있을까?

우리는 지금 연산을 놓치고 있다

연산을 어려워하는 아이들

초등학생 때 수학, 특히 연산을 어떻게 배웠는지 기억하나요? 아마 저와 별반 다르지 않을 것 같아요. 선생님은 "1 더하기 1은 2야. 원래 그런 거야!" 하고 아이들에게 강압적으로 연산 개념을 주입하고, 연산 기호가 가득한 종이를 숙제로 나눠 주셨죠. 지금 생각해 보면 그렇게 막무가내로 배웠으니 수학이 재미있을 리가 없다는 생각이 들어요.

이렇게 수학을 배운 사람들이 어른이 되어, '내 아이는 이렇게 수학을 배우게 하고 싶지 않다'라는 생각들을 했나 봅니다. 미취학 아동과 초등학생을 대상으로 하는 수학 교육에 새로운 흐름들이 생겨나고 있죠. 교과서에 도입된 스토리텔링 수학은 추상적인 수학 개념을 일상에서 경험할 수 있는 이야기로 풀어낸 것으로, 수학을 더 쉽고 재미있게 배울 뿐만 아니라 다양한 수준의 학생들이 수학을 이해하도록 돕습니다. 또한 사고력 수학, 직접 손으로 조작해서 원리를 이해하도록 돕는 교구도 많이 발전했고요, 게임처럼 재미있게 수학을 익힐 수 있는 보드게임들도 많습니다. 훌륭한 수학 교육의 도구들입니다.

그런데 연산은 어떤가요? 연산 하면 떠오르는 게 무엇인가요? 문제들로 들어차 있는 문제집이죠. 수학 동화를 읽으며 원리를 익히고 사고력부터 키우라는 말을 듣고 아이에게 수학 동화를 쥐어 줬지만, 아무래도 문제집이 없이는 안 될 것 같죠. 그래서 원리 이해와 연산 습관 들이기에 좋다는 다양한 문제집을 사서 아이에게 풀라고 시킵니다. 하지만 아이는 문제집을 보면 질색하죠. 왜 풀기 싫어하는 걸까 고민도 잠시, 아이와 기나긴 싸움을 시작합니다. 연산은 수학의 기초인데 부모에게는 가장 어렵게 느껴집니다.

아이들도 마찬가지예요. 아이들은 수학 공부할 때 가장 어려운 단원으로 입을 모아 연산을 꼽습니다. 2015년 교육업체 아이스크림 홈런이 2만 명이 넘는 아이들을 대상으로 조사한 결과, 초등 1~2학년 아이들은 무려 67퍼센트가 연산을 가장 어렵다고 했어요. 3~6학년 아이들 역시 32퍼센트가 연산을 가장 어렵다고 꼽았어요. 1~2학년 아이들이야 연산을 많이 배우니 결과가 이렇다고 해도, 더 어려운 과정을 공부하는 아이들까지 연산이 가장 어렵다고 꼽은 게 문제예요. 미취학 시절부터 계속 공부했는데, 학년이 올라가도 아이들의 발목을 잡고 있는 것 역시 연산이라는 뜻이니까요. 연산이 탄탄하지 않으니 다른 영역을 깊이 있게 탐색할 엄두도 못 내고요.

초등학생들이 가장 어려워하는 부분, 그리고 중요한 부분은 연산인데, 여전히 연산을 어렵게 배운다는 사실이 아이러니하지 않나요?

연산은 수학의 기초 공사다

초등학교 저학년 때 연산을 제대로 익히는 게 중요한 이유가 무엇일까요? 가장 중요한 이유는, 이때 배운 중요한 개념이 초등학교 고학년 때는 물론 중·고등학교 수학의 토대가 된다는 점이겠지요. 저학년 때 배우는 연산 개념은 이후에 나오는 어려운 개념들을 배우는 데 활용됩니다. 사실 연산과 관련이 없는 부분을 찾을 수 없죠. 즉, 연산을 잘 배워야 이후 아이가 더 어려운 과정을 제대로 습득할 수 있습니다.

그 첫 번째 관문이 3학년 때 처음으로 접하게 되는 분수입니다. 수학을 제일 처음 포기하고 싶다는 생각이 들 때가 분수를 배울 때라고 하죠. 한국교육과정평가원이 발표한 〈초·중학교 학습부진학생의 성장 과정에 대한 연구〉(2018)에 따르면, 학습부진 학생들 50명을 연구한 결과 한두 명을 제외하고 학생들이 직접 언급한 수학에서의 난관이 모두 '분수'에 대한 것이었다고 해요. 특히 이 연구에서는 많은 교실들을 직접 보고 살폈는데, 실제로 분수의 뺄셈을 공부한 후 교사가 학생들에게 재확인했더니, 분수의 뺄셈을 못 하겠다고 의사 표시를 한 학생이 한 교실에서 절반 이상이나 되었던 적도 있었다고 합니다.

이렇게 아이들은 분수를 어려워하고, 교사들조차 아이들에게 분수를 어떻게 가르쳐야 할지 몰라 애를 먹을 정도라고 하니, 분수가 얼마나 큰 장벽인지 알겠지요.

분수에 필요한 이전 과정이 바로 모으기, 가르기, 묶어 세기, 나눗셈입니다. 그래야 $\frac{1}{2}$이 1을 둘로 가른 값이거나, 혹은 하나를 둘로 똑같이 나눈 것 중 하나라는 의미임을 이해할 수 있어요. 그런데 대다수의 아이들이 달달 외운 곱셈구구를 활용해 이 과정을 금방 풀고 넘어가 버려요. 그렇게 되면 분수의 의미를 이해하기 힘들어하고, 분수 계산 시 필요한 통분과 약분도 너무 힘들어해요.

독일에서는 이 모으기와 가르기, 묶어 세기를 절대 소홀히 하지 않습니다. 다양한 수를 다양한 기준으로 가르고 모으는 연습을 시켜요. 구체물, 수직선, 스티커, 이야기 놀이 등 다양한 수단이 동원되죠. 처음에는 이미지를 활용하여 개념이 머릿속에 쉽게 정리되도록 돕고, 수직선, 수식의 순서로 나눗셈 개념을 단계적으로 차근차근 밟아 가도록 합니다. 이 과정에서 곱셈구구는 철저하게 배제되고 나눗셈의 개념을 확실히 알려 주는 데 온 힘을 쏟죠. (이후 6장에서 소개할 예정입니다.) 수를 보는 눈이 있고, 수 감각을 기른 아이들은 분수를 만나도 당황하지 않아요.

연산은 성적을 가르는 중요한 키워드이기도 합니다. 초등학교 저학년 자녀의 연산 컨설팅에서 만난 중학교 수학 선생님의 경험담을 들어 보니, 성적이 일정 점수 이하인 아이들을 따로 모아 보충 수업을 하곤 하는데 공통적으로 연산을 어려워하고 잘하지 못한다고 합니다.

뿐만 아니라 중상위권 학생이 상위권으로 가려 하는데 연산이 발목을 잡는 경우도 종종 보곤 합니다. 실수가 잦은 아이는 말할 것도 없고요, 연산 속도가 느린 아이는 시험을 볼 때 시간이 모자라 문제를 다 풀지 못하거나 꼼꼼하게 검토하지 못해 실력에 비해 성적이 안 나오곤 합니다. 정말 안타까운 일이죠.

최상위 문제집을 스스로 풀 정도로 수학을 잘하는 초등학교 3학년 아이를 컨설팅한 적이 있습니다. 꽤 어려운 개념을 잘 이해해서 수식까지 올바르게 세웠는데, 단순 연산인 18×31을 계산하는 데 시간이 많이 걸리더군요.

그런데 이 같은 계산은 독일 교과서식으로 배운 아이들에게는 몇 초 걸리지 않아요. 왜냐하면 18×31을 $18 \times 30 + 18 \times 1$로 바꿔서 계산하는 능력이 있기 때문이에요. 수 감각을 예리하게 길러 놓았기 때문에 같은 계산도 더 쉽게, 그리고 더 빠르게 암산으로 처리 가능합니다. 또한 독일 교과서에서는 항상 '어림'을 강조합니다. '내가 지금 풀고자 하는 식의 답은 어느 정도일까?' 하는 생각을 바탕으로 어림값을 도출하는 연습을 시켜요. 그러면 계산 실수가 발생하더라도 금방 그 오류를 발견할 수 있습니다. 18×30의 답이 20×30의 답인 600보다 작다는 사실을 알고 있기에, 만약 계산한 값이 640이라면 뭔가 이상함을 느끼고 되짚어 볼 수 있겠죠. 실제 시험에서 실수를 줄여 주는 매우 중요한 감각입니다.

이처럼 독일 교과서식으로 연산을 공부한 아이들은 빠르고 정확하게 계산함으로써 문제를 한 번 더 훑어볼 수 있는 시간을 확보합니다. 남들보다 문제를 생각할 시간이 많으니, 당연히 실수도 적어지고 성적도 잘 나오는 거예요.

연산은 수학 정서를 결정한다

이 시기에 형성된 연산에 대한 감정이 이후의 수학 공부에도 영향을 미친다는 점 역시 연산이 중요한 이유 중 하나입니다.

교육 멘토 임작가의 책 《완전학습 바이블》에서는 성적을 결정하는 건 '공부정서'라고 말합니다. 머릿속에 '공부'를 떠올렸을 때 나타나는 평균적인 감정 상태로, 공부에 관한 정서적 경험의 반복을 통해 만들어진다고 해요. 뇌과학적으로 살펴봐도 옳은 이야기입니다. 감정을 주관하는 뇌의 변연계는 정보처리를 담당하는 대뇌피질에 직접적인 영향을 끼쳐서, 변연계가 활성화되면 대뇌피질도 활성화됩니다. 즉 즐거울 때는 정보처리능력과 문제해결력이 올라가고, 우울하면 그 반대가 되죠. 공부라는 이성적 행위와 즐거운 감정이 동시에 일어날 때 공부 효과가 극대화된다고 할 수 있습니다.

그렇다면 수학에 있어서 공부정서의 시작점은 과연 언제일까요? 저는 이를 초등학교 저학년 시기라고 생각합니다. 당연한 말이지만, 첫 단추를 제대로 꿰어야 나머지 단추도 올바르게 꿸 수 있겠죠. 또한 수학에 대한 긍정적인 감정을 형성하기 위해서는 스스로 학습적 성취를 쌓는 것이 중요한데, 12년 교과 과정을 통틀어 이를 가장 쉽게 할 수 있는 때가 바로 초등학교 저학년 시기입니다.

초등학교 저학년 때 배우는 수학은 곧 연산이라고 해도 과언이 아닙니다. 물론 연산이 곧 수학은 아니지만, 이 시기에 배우는 수학에서 연산의 비중이 크기 때문입니다. 그러니 이때 연산을 잘못 배워서 연산에 대해 부정적인 감정이 쌓이면 우리 아이의 머릿속은 어떻게 될까요? '수학은 어렵다', '나는 수학을 잘하지 못한다'라는 부정적 신념이 생기겠죠. 이렇게 형성된 신념은 향후 수학에 대한 태도에 큰 영향을 끼칩니다.

사실 연산이 중요한 이유를 이렇게 길게 이야기하지 않아도 대부분의 부모들은 그 중요성을 인지하고 있습니다. 시중에 나와 있는 수많은 문제집만 봐도 연산을 다들 얼마나 중요하게 생각하는지를 알 수 있지요. 그런데 이렇게 중요한 연산, 우리 아이는 지금 어떻게 배우고 있나요?

2019년에 전 세계 초등학교 4학년 및 중학교 2학년 학생들의 수학·과학 성취도 조사(TIMSS 2019)를 보면 다소 모순된 결과가 보입니다. 우선 우리나라 학생들의 수학 성적은 초등학교 4학년과 중학교 2학년 모두 전체 3등으로 최상위권이에요. 그런데 흥미도와 자신감은 최하위권이었습니다. 초등학교 4학년의 수학에 대한 자신감은 58개국 중 57위, 흥미도 역시 57위를 기록했어요. 중학교 2학년 아이들도 마찬가지로 흥미도는 전체 39개국 중 꼴찌, 자신감은 36위였어요. 전 세계 초등학교 4학년 학생들 중 수학을 좋아하지 않는다고 답한 아이는 20퍼센트고, 중학교 2학년 학생들은 41퍼센트예요. 우리나라는 평균보다 훨씬 높아서 초등학교 4학년의 40퍼센트, 중학교 2학년의 61퍼센트가 수학을 좋아하지 않는다고 했어요. 슬프긴 하지만 놀랍지는 않죠.

이게 무엇을 뜻하는 것일까요? 제 해석은 다음과 같습니다. 우리나라 특유의 주입식 수학교육으로 인해 초등학교와 중학교까지는 원리를 몰라도, 재미가 없어도 요령을 익히면 어느 정도 성과가 나올 수 있어요. 그러나 어렵게 배운 탓에, 정작 중요한 수학적 사고력을 키우지 못한 탓에 수학이 재미없고 어렵게만 느껴집니다. 결국 수학 개념이 복잡해지고 연산 능력도 중요한 고등학교에 진학해서는 수학을 따라가지 못해 '수포자'가 된다는 뜻 아닐까요?

그러니 연산을 제대로 배워야 합니다. 연산은 모든 수학의 기초가 되고, 수학을 대하는 태도를 결정하며, 결과적으로 우리 아이 수학 성적을 좌우합니다. 이것이 우리 아이가 연산을 어떻게 공부하느냐가 이토록 중요한 이유입니다.

연산 최하위 우리 아이, 독일에서 연산에 눈뜨다

수포자 엄마의 아픈 과거

고백하자면, 저 역시 수포자였어요. 당시에는 그런 단어가 없어서 제가 수학을 포기했다는 것도 인지하지 못했는데, 지금 생각해 보면 저에게 딱 맞는 단어네요. 초등학교 때는 시험 기간에만 억지로 외웠고, 중학교 때부터는 수업 시간에 거의 졸았던 기억이 나요. 고등학교에 올라간 후에는 수학 수업 시간에 잠만 잤어요. 고3이 되어 공통 수학, 그러니까 고1 교과서를 처음 펴 봤는데 빳빳한 새 책이더라고요.

수학에 대해 떠오르는 첫 기억은 곱셈구구(그때는 구구단이라고 했죠)를 외우는 장면이에요. 이 사건이 수학에 대한 저의 첫인상을 만들었어요. 2학년 때, 곱셈구구를 못 외워서 방과 후 나머지반에 들어가 곱셈구구를 외웠는데 선생님의 무작위 질문에 완벽하게 대답해야 집에 갈 수 있었어요.

이 사실에 많이 속상해하셨던 엄마는 방문 수학 수업을 신청하셨어요. 처음에는 저도 나름 의욕적으로 선생님이 내 주신 숙제를 열심히 했는데, 점점 연산이 복잡해지고 하루에 정해진 양을 푸는 데 시간이 오래 걸리면서 숙제가 밀리게 되었어요. 나중에는 선생님이 오시는 날 한꺼번에 계산기로 풀어서 냈고, 몇 달 후에는 그나마도 귀찮아서 아예 숙제에 손도 안 대고 옷장 속에 숨겼죠. 그런데 그걸 옷장 정리를 하던 엄마에게 들켜 버린 거예요. 엄마는 크게 화를 내며 방문 수학 수업을 끊어 버리셨어요.

저는 1년간의 방문 수학 수업 시간이 정말 너무 끔찍했어요. 싫어하는 수학을 공부하는 것도 괴로웠지만, 매번 숙제를 다 하지 못한 나 자신이 엄청나게 초라하게 느껴졌거든요. 방문 수학 수업을 그만둘 즈음에는 수학은 물론이고 공부에 대한 자신감이 거의 바닥을 찍은 상태였어요. '아, 나는 안 되는구나.' 하는 생각이 머릿속을 가득 채웠어요.

이 기억이 얼마나 강렬했던지, 저는 결혼 후 아이를 낳고 한 가지 결심을 했어요. 우리 아이가 나처럼 수학을 싫어하게 할 수는 없다는 것. 다시 말해 수학을 좋아하게 만들지는 못해도, 적어도 싫어하게 만들지는 말자는 것이었죠.

내 아이, 엄마 따라 수포자 위기에 처하다

큰아이가 태어나고 5살이 될 때까지 저는 저와 한 약속을 잘 지켰어요. 연산 문제집 같은 '끔찍한' 물건은 쳐다도 보지 않았고요, 방문 수학 수업 같은 건 아예 머릿속에서 지워 버렸어요. 대신 이야기로 배우는 수학 전집을 아이와 함께 읽었고, 손으로 조작하며 놀 수 있는 교구를 들였어요. 큰아이가 한국에서 한 연산이라고는 당시 다니던 어린이집에서 배운 누리과정에 따른 연산 공부가 전부였죠.

물론 제 결심이 흔들릴 때도 있었어요. 큰아이가 6살이 되니까 같은 어린이집 친구 엄마들 사이에서 특정 방문 수학 수업 이름이 오르내리기 시작하더라고요. 그걸 안 하면 아이가 초등학교에 들어가서 수업을 따라가기 힘들어한다고요. 어린이집 친구들이 하나둘 방문 수학 수업을 하기 시작했고, 그 엄마들한테 이런저런 이야기를 들으니까 왠지 마음이 조급해지더라고요. 결국 방문 수업 전에 치르는 실력 테스트를 덜컥 예약했어요. 심지어 한 달치 수업료를 선결제해버렸죠. 물론 며칠 곰곰이 생각해 보니, 제가 그렇게 싫어했던 걸 우리 아이에게 시키는 게 말이 안 되더군요. 다시 전화해서 정중하게 취소했어요. 그렇게 제 교육 철학은 꽤나 확고했어요.

그러다 남편이 '노벨상 사관학교'라 불리는 막스플랑크 연구소에서 뇌과학 박사 과정을 밟게 됐고, 우리 가족 모두 독일에 갔어요. 큰아이가 7살 때였죠. 독일에 가기 직전에 웩슬러 지능 검사를 받았는데, 수 연산 부분이 상대적으로 많이 낮다는 결과를 받아 들었어요.

검사를 진행한 선생님 말씀으로는 연산 연습이 거의 되어 있지 않다고 했어요. 그런 말을 들었는데도 연산을 시켜야겠다는 생각이 전혀 들지 않았어요. 그러고는 독일로 왔고, 큰아이는 독일에 오자마자 바로 초등학교에 입학을 했어요. 독일에서는 만 6세에 초등학교 입학을 하거든요.

1학년부터 2학년 1학기까지는 독일어를 하느라 다른 건 다 놓아 버렸어요. 수학은 신경도 못 썼죠. 그럴 수밖에 없었던 환경과 상황이었으니까요.

그런데 큰아이가 2학년 2학기에 들어선 직후, 코로나19가 전 세계에 유행하기 시작했어요. 학교가 문을 닫았고 제가 집에서 큰아이를 가르쳐야만 했죠. 선생님은 학습 지도안과 매주 집에서 해야 할 숙제 리스트를 줄 뿐 나머지는 다 저의 몫이었어요. 거기다 독일어도 서툴다 보니 지도안을 꼼꼼히 볼 엄두가 나지 않았지요. 하지만 번역기와 주변의 도움을 받아 지도안을 해석하고, 현재 아이가 배워야 하는 과목과 핵심 내용을 파악해 큰아이를 직접 지도하기 시작했어요.

큰아이에게 가르칠 수학 첫 단원이 바로 곱셈구구였어요. 제가 어떻게 했을까요? 수학은 지도안을 볼 필요도 없다, 이렇게 판단해 버렸어요. 즉시 곱셈구구표를 크게 프린트해서 벽에 붙여 놓고 아이에게 외우라고 시켰어요. 정확히 제가 곱셈구구를 배웠던 방식이었죠. '외국 아이들은 곱셈구구를 잘 못 외운다고 하던데, 우리 아이가 곱셈구구를 줄줄 외워서 학교에 가면 다들 깜짝 놀라겠지? 한국인의 저력을 보여줄 테다!'

이런 생각이나 하면서 말이죠.

제가 그렇게 힘들게 무작정 곱셈구구를 외웠기 때문에 결국 수학이 싫어졌던 것도 까먹고, 적어도 아이가 수학을 싫어하게 만들지만 말자는 자신과의 약속도 까먹고, 코로나라는 비상 상황 앞에서 반복적이고 기계적인 연산 학습이라는 카드를 꺼내 버린 거예요.

하지만 그런 식으로 해서 큰아이가 곱셈구구를 잘 외웠을 리 없죠. 계속 외우게 시켜도 큰아이는 제자리걸음이었어요. 사흘, 나흘, 일주일…, 큰아이가 곱셈구구를 못 외우니까 슬슬 저의 뚜껑이 열리기 시작했죠. 이 시기 큰아이는 수학이 싫다는 말을 입에 달고 살았고요, 저는 저대로 큰아이를 이해하지 못해 분노의 감정이 마음속에 가득 차 있었어요. 철저히 어른의 시각에서, '왜 하루에 곱셈구구 한 단 외우는 것도 힘들까?' 이 당연한 걸 왜 못 할까?'라는 생각을 정말 많이 했어요. 특히 6단을 외울 때는 말 그대로 폭발할 뻔했어요. 신경을 다른 데로 돌리기 위해 일부러 집안 정리를 하며 마음을 다잡았어요. 큰아이에게 분노를 쏟지 않으려는 노력이었죠.

독일 교과서가 눈에 들어오다

그렇게 매일 청소를 하며 분노를 가라앉히다, 거실 책장에서 열어 보지도 않은 봉투를 발견했어요. 선생님이 주신 수학 학습 지도안이었어요. 제가 잘 아는 곱셈구구이니 볼 필요도 없을 것 같던 지도안, 왠지 눈이 가더라고요. 봉투 안을 슬쩍 봤는데, 빳빳하게 코팅된 종이가 보였죠. 뭔가 싶어서 꺼내 보니 각 단에 1, 2, 5, 10을 곱한 값만 적혀 있는 곱셈구구표였어요.

곱셈구구
기본이구나!

1단 기본값	10단 기본값	5단 기본값	2단 기본값	4단 기본값
1×1=1	10×1=10	5×1=5	2×1=2	4×1=4
1×2=2	10×2=20	5×2=10	2×2=4	4×2=8
1×5=5	10×5=50	5×5=25	2×5=10	4×5=20
1×10=10	10×10=100	5×10=50	2×10=20	4×10=40
1×1=1	1×10=10	1×5=5	1×2=2	1×4=4
2×1=2	2×10=20	2×5=10	2×2=4	2×4=8
5×1=5	5×10=50	5×5=25	5×2=10	5×4=20
10×1=10	10×10=100	10×5=50	10×2=20	10×4=40

8단 기본값	3단 기본값	6단 기본값	9단 기본값	7단 기본값
8×1=8	3×1=3	6×1=6	9×1=9	7×1=7
8×2=16	3×2=6	6×2=12	9×2=18	7×2=14
8×5=40	3×5=15	6×5=30	9×5=45	7×5=35
8×10=80	3×10=30	6×10=60	9×10=90	7×10=70
1×8=8	1×3=3	1×6=6	1×9=9	1×7=7
2×8=16	2×3=6	2×6=12	2×9=18	2×7=14
5×8=40	5×3=15	5×6=30	5×9=45	5×7=35
10×8=80	10×3=30	10×6=60	10×9=90	10×7=70

1장 사칙연산, 독일에선 어떻게 배우고 있을까?

처음에는 '엥? 이게 뭐야?' 싶었어요. 하지만 진도가 워낙 안 나가니 지푸라기라도 잡고 싶은 마음에, 그리고 선생님이 준 자료이니 뭔가 있겠지 하는 생각에 번역기를 돌려 가며 지도안을 읽기 시작했어요.

뭐라고? 1단부터, 그것도 1, 2, 5, 10을 곱한 값만 익히도록 하라고? 그리고 1 곱하기 2와 2 곱하기 1이 같다고 보여 주라고? 왜? 그리고 1단 다음은 2단도 아니고 10단이라고?

이상하지만 저도 모르게 설명에 빠져들었습니다. 지도안을 다 읽은 후 마음먹었어요.

'이렇게 가르쳐야겠다. 이렇게 가르치면 최소한 어렵다는 말은 안 나오겠구나!'

다음 날부터 바로 지도안대로 가르쳐 봤어요. 어떻게 됐을까요? 큰아이의 입에서 "엄마, 곱셈구구 너무 쉽다."라는 소리가 나오더라고요. 제가 얼마나 감격했는지 짐작이 가나요?

곱셈구구를 설명하는 5장에서 자세히 설명하겠지만, 이 방식은 10진법의 기본이 되는 수부터 차례대로 익히게 하는 공부법입니다. 숫자가 제멋대로 널을 뛴다는 느낌을 받으면 아이는 곱셈구구에 겁을 먹게 됩니다. 그래서 대개 아이들은 7단을 가장 어려워하고, 8단과 9단을 오히려 더 쉬워하더라고요. 저는 이런 통찰이 없이 그냥 2단부터 순서대로 쭉 외우라고 시켰으니 아이가 잘할 리가 없죠.

독일 교과서식으로, 아이 입장에서 더 쉽고 직관적으로 익힐 수 있는 숫자인 1, 2, 5, 10(이를 곱셈구구의 기본값이라고 부릅니다. 잘 보면, 10의 약수들이에요)과 다른 숫자들 간의 관계부터 익힌 다음, 더 어려운 수와 어려운 단으로 차근차근 나아가게 이끌었어요. 그랬더니 마법처럼 며칠 안에 큰아이가 곱셈구구를 외우게 되었어요.

이후로는 교과서와 학습 지도안에 따라 충실하게 공부했어요. 진도를 나갈수록 독일 교과서와 지도안에 나오는 학습법이 좋다는 생각이 커져갔어요. 특별히 설명을 많이 할 필요가 없이 문제를 풀며 저절로 개념이 이해되도록 구성돼 있었죠. 덕분에 큰 노력을 들이지 않고 아이를 가르칠 수 있었어요. 무엇보다도, 수학이라는 말만 들어도 주눅 들었던 저와 달리 수학을 할 만하다고 말하는 큰아이가 기특하기도 하고 신기하게도 느껴졌어요.

어렵지 않게, 힘들지 않게, 아이와 씨름하지 않고도 아이와 연산을 할 수 있다는 깨달음. 복잡한 개념 설명이나 어려운 문제를 풀지 않고, 체계적으로 구성된 문제를 풀어가며 수와 연산의 개념에 대해 깊고 넓게 생각할 수 있다는 통찰. 큰아이와 함께 독일 교과서로 공부하며 얻은 수확입니다.

곱셈구구를 계기로 독일 교과서식 수학 학습법에 호기심이 생겨서 앞으로 아이들이 배울 고학년 수학 교과서까지 미리 구입해서 봤어요. 아이들이 앞으로 무엇을 어떻게 배울지 궁금했던 거죠. 번역기를 돌려 가며 꼼꼼히 봤는데, 보면 볼수록 제가 배웠던 연산과 너무 달라서 부러울 지경이었습니다.

개념을 가르치는 방식뿐만이 아니라 학교 수업 방식까지 독일식 수학 수업은 그저 놀라움의 연속이었어요. 큰아이가 3학년이 되었을 때 코로나가 잠시 잠잠해졌고, 다시 학교에 나가게 된 큰아이는 수학도 토론식으로 배우고 있었습니다. 앞으로 설명하겠지만, 선생님이 문제를 내면 아이들이 다 돌아가면서 어떻게 문제를 풀었는지 이야기를 나누는 토론식 수업을 진행해요. 선생님과 친구들에게 자신이 왜 이런 방식으로 계산했는지 설명하고, 다른 친구들의 해결 방법을 들으며 한 문제에 대해 다양한 접근과 해결이 가능하다는 사실을 자연스럽게 배워 나갑니다. 한편 선생님도 아이의 발표를 보면서 아이의 이해 정도를 자연스럽게 파악할 수 있고요.

눈부신 발전과 성과

다시 심해진 코로나 때문에 학교가 문을 닫고 또다시 홈스쿨링이 시작되었어요. 이번에는 1학년에 입학한 작은아이도 함께 가르쳤는데요, 이번에는 처음부터 선생님이 주시는 지도안에 충실해 가르쳤어요.

매일 숙제를 성실히 해 나가던 어느 날, 큰아이의 입에서 이런 말이 나왔어요.

"엄마, 수학이 정말 쉽고 재미있어요."

살면서 아이의 입에서 수학이 재미있다는 이야기가 나올 거라고는 상상도 하지 못했고 그저 싫어하지만 않았으면 했는데, 수학이 좋다고 하니, 제가 얼마나 신났을지 상상이 가나요?

이뿐만이 아니에요. 큰아이가 독일에서도 지능검사를 받았는데

(AID3 라는 검사로 웩슬러 검사와 유사합니다), 예전에 받았던 웩슬러 검사와 정반대의 결과가 나왔어요. 큰아이의 수 연산 부분이 상위 1퍼센트더라고요! 아이가 한 거라고는 독일식 연산밖에 없는데 말이에요. 3년 전, 독일어를 전혀 모르는 상황에서 독일 초등학교에 다니기 시작한 큰아이는 지금 독일 영재 수업을 받고 있어요. 우리나라 심화 문제집도 척척 풀어냅니다. 한편 작은아이는 1년 빨리 월반을 했고요.

독일 교과서식으로 공부하면 연산을 재미있고 쉽게 할 수 있고, 연산이 곧 수학적 사고력의 바탕이라는 확신을 가진 저는 아이들을 지도하기 위해 독일 교과서를 꼼꼼하게 분석해 정리했어요. 저와 아이의 이 놀라운 경험, 그리고 제가 얻은 독일 교과서식 학습법을 독자 여러분과 공유하기 위해 이 책을 썼습니다. 그렇다면 독일식 연산 교육은 어떤 특징이 있는지 한번 살펴볼까요?

수학 강국 독일, 연산을 이렇게 가르친다

온 가족이 독일에 가기로 결정했을 때 많이 걱정하기도 하고 불안하기도 했지만, 사실 아이들 교육 문제만큼은 조금 마음이 편했습니다. 한국에서 아이들이 어린이집에 다닐 때부터 독일 교구나 독일식 교육 관련 이야기를 많이 들어서 독일 하면 교육의 강국이라는 인식도 있었고요.

실제로 독일에 와서 큰아이와 작은아이를 유치원과 학교를 보내 보니까 '이래서 독일 교육이 유명하구나' 하고 생각한 부분이 많이 있었어요. 곱셈구구를 외울 때는 가정 학습이라는 특수 상황 때문에 잠깐 시행착오를 겪긴 했지만요. 그 일을 계기로 독일식 수학 교육을 제대로 알고 또 직접 연구까지 해 보니 역시 우리나라와 달랐어요. 그중에서도 가장 다르다고 느낀 부분이 바로 저학년 수학의 모든 것이라 해도 과언이 아닌, 아이들의 수학 이미지를 결정하는 연산입니다.

일상과 연결시켜 가르침으로써
수학의 필요성을 알려 준다

독일 초등학교 1학년 수학 교과서에서 각 단원의 처음에는 보통 일상과 관련된 그림이 나와요. 주로 아이들이 좋아하는 주제의 그림이 그려져 있죠. 놀이터, 축제, 생일 파티, 수영장 등 떠올리는 것만으로도 기분이 좋아지는 주제들입니다. 이 그림을 가지고, 아이들이 돌아가며 자신의 경험을 주어진 주제와 관련지어 이야기하는 것으로 수업을 시작해요.

"주말에 동물원에 갔는데, 아빠 사자 1마리와 엄마 사자 1마리, 아기 사자 3마리가 있었어요. 모두 사자 5마리가 있었죠!"

"아빠와 수영장에 가서 폼메스(감자튀김) 2봉지, 사과주스 2병을 샀어요. 음식은 모두 4개였어요."

기본 개념을 배운 후에는 주로 돈과 관련된 문제를 풀어봄으로써 학습한 연산이 실제 생활에서 어떻게 쓰일 수 있는지 경험하도록 합니다. 자신이 가진 돈으로 카페테리아에서 무엇을 얼마나 살 수 있는지를 묻거나, 바자회에서 어떤 물건을 얼마에 몇 개나 팔았고 얼마를 벌었는지를 묻는 문제가 주로 나오죠.

이처럼 독일 교과서에 나오는 문제는 일상생활에서 빈번히 일어나는 일로 꾸려져 있습니다. 스토리텔링 수학과 달리, 일상에서 마주치는 단순한 상황을 문제로 접하도록 하죠.

이렇게 일상과 수학을 연결해 가르치는 목적은 크게 두 가지예요.

첫째, 새로운 것을 배울 때 생길 수 있는 마음의 거부감을 낮추는 목적. 둘째, 지금 배우고 있는 수학적 개념이 교과서에만 있는 것이 아니고 우리 일상에서 이미 사용하고 있는 개념이라는 것을 설명하기 위한 목적. 다시 말해 수학 공부를 해야 하는 이유를 설명하고 있는 거죠. 일상을 잘 살아가기 위해서 우리에겐 수학이 필요하다!

사실 우리는 수학의 세계에 살고 있어요. 마트에 가서 물건을 사고 계산하는 것도, 피자 한 판을 온 가족이 공평하게 나누려면 누가 몇 조각을 먹어야 할지 생각하는 것도 모두 수학적인 사고가 필요한 부분이에요. 삶과 수학이 아주 밀접한 관계가 있음을 연산을 배우는 과정 중에 자연스럽게 알도록 하는 독일의 세심한 교습 방식입니다.

사전 지식 활성화를 통해
수학 효능감을 북돋아 준다

독일 교과서의 구성을 보면, 새로운 개념을 배울 때 꼭 이전에 배웠던 것을 끌고 와서 새로운 것을 알려 줍니다. 예시를 하나 들어 볼게요. 1학년 때 '더해서 10'이 되는 숫자의 조합에 대해 배웁니다. 그런데 이걸 배울 때 갑자기 '더해서 10'이라는 개념을 던져 주지 않습니다. 반드시 이전에 배운 '더해서 5'가 되는 숫자의 조합을 끌고 와서 서로 비교해 가면서 배우도록 되어 있습니다. '더해서 20'을 처음 배울 때도 마찬가지로 이전에 배운 '더해서 10'을 끌고 와서 배웁니다. 왜일까요?

뇌과학적으로 우리의 뇌는 새로운 것을 배울 때 그와 관련해 이미 알고 있는 지식을 활용해 이해합니다. 즉, 사전 지식이 충분히 활성화될 때 새로운 것을 더 잘 이해하고 받아들일 수 있죠. 바꿔 말하면, 새롭게 배울 것을 이전에 배운 것과 잘 연결하는 것이 중요합니다. 독일 교과서는 사전지식을 충분히 활용해 아이들의 인지를 최대한으로 끌어올림으로써 효율적으로 학습하게 구성되어 있습니다.

그런데 이렇게 사전지식을 활성화하면 인지와 학습에만 도움이 되는 것이 아니라 정서적인 부분, 즉 자기 효능감(어떤 상황에서 적절한 행동을 할 수 있다는 기대와 신념)도 끌어올릴 수 있습니다.

아이들은 대부분의 일을 처음 경험하죠. 때문에 어른보다 새로운 것에 대해 더 강렬한 감정을 느낍니다. 좋으면 더 좋게, 싫으면 더 싫게 느끼죠. 이런 감정을 바탕으로 새로운 것에 대한 인상이 결정되고, 한번 결정된 인상은 쉽게 바뀌지 않습니다. 만약 수학에 대한 첫인상이 '어렵다'와 같은 부정적인 감정이면 어떻게 될까요? 아이의 마음속에서 수학은 '싫은 것'으로 분류됩니다.

독일 수학 교과서를 보면 새로운 것을 가르칠 때 매우 조심스럽게 접근한다는 느낌을 받았습니다. 새로운 개념에 대한 첫인상이 '싫은 것'이 되지 않도록, 최소한 '할 만한 것'으로 인지될 수 있도록 애쓴 흔적들이 가득합니다. 마치 이유식을 처음 먹일 때 혹여나 아이가 싫어하게 될까 봐 이런저런 고민을 해서 만드는 것처럼, 독일에서는 수학에서 처음 새로운 개념을 제시할 때도 그렇게 합니다. 예전에 배웠던 익숙한 개념을 제시하고 그와 연계해 새로운 개념을 제시하죠. 마치 이렇게 말하는 것 같아요. "이건 네가 예전에 이해했던 거야. 이번에 배울 개념도 이거랑 비슷해. 어때, 해 볼 만하지?"

독일 아이들에게 최소한 초등학교 과정 내에서의 수학은 '할 만한 것'으로 인식됩니다. 아이 친구들에게 물어봐도 수학 자체가 싫다거나 너무 어려워서 못 하겠다고 하는 아이는 없어요. 저는 장기적으로 이 부분이 아주 중요하다고 생각해요. 왜냐하면 이 '할 만하다' 혹은 '할 수 있다'라는 생각이 아이의 수학 성적뿐만 아니라 아이의 자존감과도 연결되기 때문이에요. 초등학생 시절 자존감을 형성하는 데 큰 영향을 미치는 것이 바로 학습에 대한 성공 경험이거든요. 아이들이 새로운 개념을 배우면서 '어렵다, 잘 이해가 안 된다'와 같은 부정적인 감정을 느끼면 '나는 이걸 잘하지 못하는구나' 혹은 '잘할 수 없구나' 와 같이 부정적인 자기 효능감으로 이어지곤 해요. 이런 생각들이 쌓이고 쌓이면 나중에는 수학을 포기하고 싶은 마음까지 들게 되죠.

수학을 어려워하는 우리나라 아이들과, 수학에 대한 흥미도와 자신감이 세계 상위권인 독일 아이들의 결정적인 차이가 바로 이 지점에서 나온다고 생각합니다. 해볼 만하다, 잘할 수 있다고 아이 스스로 생각할 수 있도록 이끌어야 하지 않을까요?

새로운 개념은 한 가지씩,
중요한 개념은 반복해서

독일 교과서에서 3+2=5를 배울 때 어떻게 배우는지 알려 드릴게요.

첫째, 2, 3, 5를 수와 양의 개념으로 인지하는 단계입니다.

둘째, 덧셈 기호(+)를 인지하는 단계입니다.

셋째, 등호(=)를 인지하는 단계입니다.

우리나라와 무엇이 다른지 보이나요?

1학년 때 등호를 따로 배운다는 사실이 제게는 엄청난 충격으로 다가왔습니다. 단 한 번도 등호의 의미에 대해 생각해 보지 않았거든요. 그래서 3+2=5와 같은 수식을 "삼 더하기 이는 오!"라고 읽었어요. 등호를 그냥 조사 '는'으로 인식하고 있었던 거죠.

왜 더하기를 배우고, 또 등호를 배워야 할까요? 연산에서 쓰이는 모든 기호와 숫자의 의미를 정확하게 짚고 넘어가야만 이후에 배우는 수학을 정확하게 해낼 수 있기 때문입니다. 등호는 '좌우가 같음'을 의미하는 중요한 기호입니다. 이 등호를 제대로 배워야 방정식을 해결하고 함수를 이해할 수 있어요. 혹시 아이가 47에서 어떤 수를 뺐더니 25가 되었을 때, 그 어떤 수를 찾아야 하는 것과 같은 문제를 어려워한다면 등호의 개념이 명확한지 확인해 보세요. 십중팔구 등호를 '은' 혹은 '는' 혹은 답, 풀이 결과 정도로 알고 있을 겁니다. 또한 65+17=□+28처럼 □에 들어갈 수를 묻는 문제를 내 봐도 좋습니다. 등호를 기준으로 좌우가 같음을 명확하게 인지하지 못하면 어렵다고 느끼는 전형적인 문제입니다.

우리 아이는 어떻게 연산을 풀고 있나요? 1+2=□이라는 문제를 풀 때 문제의 의미를 생각할 시간이 별로 없어 보이지 않나요? 아이가 3이라는 답을 내면 기뻐하며 다음 단계로 넘어가고 있지 않나요? 아이가 더하기와 등호의 의미를 정확히 아는지 엄마는 알고 있나요? 아니, 이런 걸 신경 써야 한다고 생각해 본 적 있나요?

독일 교과서는 다릅니다. 20까지의 수를 더하는 동안 등호가 전혀 나오지 않아요. 20까지의 수를 더하는 동안은 오직 '더하기(+)' 개념에만 집중해서 가르칩니다. '더하기'에 대해 충분히 알고 난 후에 다시 수의 범위를 줄여서 '등호(=)'에 대해 학습할 수 있게 짜여 있죠. (해당 내용은 2장에서 설명하겠습니다.)

이처럼 독일 교과서에서는 새로운 개념을 아이에게 가르칠 때 아이의 인지발달을 고려해서 아이가 한 번에 이해할 수 있는 단위로 잘게 쪼개서 가르칩니다. 우리 뇌의 작업기억(working memory)에서 한 번에 처리할 수 있는 정보의 양에는 한계가 있기 때문이에요. 작업기억은 수업 중에 새로운 것을 학습할 때 사용하는 작업장과 같은데요, 초등학생이 작업기억에 동시에 넣고 유지할 수 있는 정보의 수는 대개 3~4개예요. 만 5세 아이들은 그보다 더 적어서 1~2개에 불과하죠. 독일에서는 만 6세에, 빠르면 만 5세에 초등학교에 입학해요. 그래서 더더욱 세심하게 한 번에 한 가지의 개념만 익히도록 교과서가 구성되어 있는 거예요. 사실 청소년과 어른 역시, 한 번에 한 가지의 정보를 익히는 것이 가장 효율적으로 학습할 수 있는 길이라고 하니 참고하면 좋을 거예요.

적극적 학습으로 문제해결력과
메타인지를 높인다

독일 교과서는 단순히 아이를 연산만 잘하게 하지 않습니다. 연산을 '문제해결력'을 기르기 위한 훈련 도구로 사용합니다. 1학년 때부터 주어진 문제를 파악하고, 해석해서 어떻게 해결해 나가면 좋을지를 단순한 연산 문제로 훈련합니다. 먼저 다양한 방법으로 계산하는 방법을 알려 주고, 수와 연산 기호의 특징에 따라 더 효율적인 방식을 탐색하고 결정하도록 한 후 직접 계산해 보는 연습을 합니다. 실제 독일 초등학교 시험에서는 어떤 방식으로 문제를 해결했느냐에 따라서 추가 점수를 받을 수 있습니다.

또한 독일 교과서의 연산 문제는 대부분 몇 개의 식이 짝을 이루어 하나의 세트를 구성합니다. 이렇게 짝을 지어 풀면 수가 가지는 절대적인 의미 이외에도 수의 상대적인 의미를 계속 생각할 수 있습니다. 예를 들면, 4라는 숫자는 1의 입장에서는 3이 큰 수이지만, 5라는 수의 입장에서는 1이 작은 수입니다.

이처럼 여러 개의 식을 한 세트로 문제를 풀다 보면, 어떤 수가 특정 연산 기호와 만났을 때 어떻게 되는지 계속 생각하게 돼요. 하나의 사물 혹은 현상을 다양한 측면에서 볼 수 있도록 훈련함으로써, 공부할 때 필요한 '유연하게 사고하는 방법'을 익혀 나가도록 합니다. 창의적인 사고는 축적된 지식과 유연한 사고가 만날 때 가능하다고 생각합니다. 독일에서 인재가 끝없이 쏟아져 나오는 이유를 거슬러 올라가면 이 연산 교육에 있을 수도 있다고 조심스럽게 추측해 봅니다.

이뿐만이 아니에요. 독일 수학 수업에서는 메타인지를 높여 주는 방식으로 수업합니다. 메타인지란 '인식에 대한 인식'이라는 뜻으로서 '내가 뭘 알고 뭘 모르는지 인식하는 것'입니다. 요새 유행하는 단어지만 정작 실제로 메타인지를 활용하여 아이를 가르치는 사람들은 많지 않은 것 같아요.

독일 교과서를 보면, 마지막 단계에 스스로 문제를 만들어서 풀어 보도록 해요. 앞서 풀었던 문제 세트들을 살펴보고 의도를 파악한 후, 그 의도에 맞게 문제를 만들어 보는 거죠. 그리고 자기가 낸 문제를 가지고 친구들과 이야기를 나눠요. 내가 왜 그 문제를 만들었는지를 설명하고, 또한 친구들이 낸 문제와 그렇게 만들어 낸 이유를 듣는 시간을 가져요. 그 과정에서 아이는 자기가 무엇을 이해했는지, 무엇을 놓쳤는지(혹은 이해하지 못했는지) 알게 돼요. 정식 시험에도 이런 유형의 문제가 꼭 나오는데, 아이가 이해한 만큼만 문제를 만들어 낼 수 있겠죠.

스스로 뭘 알고 뭘 모르는지 확인하도록 하는 방법이 한 가지 더 있어요. 바로 발표예요. 수학 시간에 발표라니, 상상이 안 가죠? 그런데 독일에서는 3학년부터 발표가 성적의 40퍼센트를 차지해요. 독일 수학 교과서를 보면 2~4개씩 세트를 이루는 문제 옆에 두 사람이 마주 보고 있는 기호가 그려져 있는데요, 친구들과 이 문제에 대해 이야기를 나누라는 의미예요.

Wie rechnet ihr?

7×50

7×5000

"Wie rechnet ihr?"는 "너는 어떻게 계산하니?"라는 뜻이에요. 수업 시간에 풀든 숙제로 풀어오든 각자 문제를 풀고, 돌아가면서 자기가 문제를 푼 방법을 친구들에게 설명하는 거죠. 문제를 만들어서 이야기를 나누었던 것과 마찬가지로, 이 과정에서 아이는 자신이 발표한 내용과 다른 친구가 발표한 내용을 비교하면서 자신이 알고 있는 것과 모르는 것을 알게 돼요. 그러면서 서로에게 아는 것은 가르치고 모르는 것은 배우는 기회를 갖게 되죠. 상대의 의견을 존중하는 법까지 배울 수 있고요. 이 책에도 독일 교과서식 학습법에 따라 부모와 아이가 문제 풀이 방법을 토론하는 과정을 넣었는데요, 특히 한 문제를 풀어내는 여러 방법을 가르치는 대목에서 중요하게 다뤄집니다. 이처럼 토론하는 방법은 다른 과목을 공부할 때도 매우 유용하게 활용할 수 있어요.

3학년이 되면 시험 일주일 전에 선생님이 시험 범위 체크리스트를 나눠 줘요. 이 체크리스트는 시험 범위에 대해 스스로 얼마나 잘 알고 있는지 항목별로 체크하는 데 사용해요. 스스로 잘 모른다고 체크한 부분부터 공부하도록 하고요. 처음에는 모든 항목에 '잘 알고 있다'로 체크하던 아이가, 시험을 준비하고 치르는 경험이 반복될수록 어떤 것에는 '보통이다'를, 어떤 것에는 '잘 모른다'를 체크하더군요. 그러니까 처음에는 스스로 '잘 알고 있다'와 '잘 모른다'의 차이가 무엇인지도 몰랐던 아이가, 스스로 시험 준비를 하고 치르는 경험을 하며 어느 정도 알아야 잘 안다고 할 수 있는지 깨닫도록 유도합니다. 또한 이를 통해 스스로 공부하는 법까지 익힐 수 있게 자연스럽게 이끌어요.

복습에 복습을 거듭해
완전학습을 추구

독일 수학 교과서의 중요한 특징이 바로 복습과 반복이에요. 중요한 개념은 여러 번 반복을 통해 아주 꼼꼼하게 다져 나가요. 2~4학년 수학 교과서의 약 50퍼센트가 복습으로 이루어져 있을 정도죠. 구체적으로 이야기하면, 이전 단계 복습→수 확장→수 연산→이전 단계 복습의 사이클로 이루어져 있어서, 복습에서 시작해서 복습으로 끝나죠.

　복습 시 단계적으로 문제가 심화돼요. 처음 개념을 배울 때는 아주 쉽게 하나씩 배우고, 첫 복습 때는 기본 개념에 약간의 응용 문제가 더해지고, 그 다음 복습 때는 문제의 수준을 높이죠. 응용 과정에서 일상생활과 연계시켜 아이들의 흥미를 돋우는 것은 물론이에요.

2학년 과정을 예를 들어 볼게요. 2학년 때 처음으로 곱셈 개념을 배우는데 그전에 1학년 때 배운 두 자리 수 덧셈과 뺄셈 복습을 먼저 해요. 복습해 오라고 시키는 게 아니라 수업 시간에 선생님이 직접 해줍니다. 그런 다음 곱셈과 나눗셈의 개념을 차례로 익히고, 다시 곱셈 응용문제로 복습해요. 그 후 다시 두 자리 수 덧셈과 뺄셈을 복습하고 다시 곱셈과 나눗셈을 복습하고요. 2학년 과정의 핵심인 두 자리수 사칙연산을 조금씩 수준을 높여 가며 교차 반복하면서 아이들이 더 쉽고 단단하게 연산을 익혀나갈 수 있도록 구성되어 있어요.

왜 이렇게 시간을 들여 복습에 복습을 반복하는 걸까요?

수학은 초등 수학부터 고등 수학까지 쭉 연결되어서, 하위 개념이 잘 다져져야만 상위 개념을 이해할 수 있는 구조입니다. 또한 추상적인 개념을 다루는 과목이기에 정확하게 알아야 문제를 풀 수 있어요. 인과관계나 문맥을 이용해 문제를 풀 수 있는 다른 과목들과 비교하면 '알았다'라는 느낌 자체가 다르죠. 그래서 다른 과목보다 훨씬 많은 복습이 필요해요. 하지만 부모들은 수학 전문가가 아니니 수학의 이러한 특징을 알고 있긴 힘들어요. 그렇기에 학교에서 직접 복습을 해 주는 거예요. 그것도 아이들이 한 번에 수용할 수 있는 작은 단위로 세분화해서 말이죠.

복습을 강조하는 또 다른 이유는 아이들의 학습 구멍을 메우기 위해서이기도 해요. 독일은 여름방학이 매우 긴데, 방학 숙제가 없어요. 방학이 되면 부모님과 장기간의 여행을 가거나 아이가 좋아하는 분야의 서머캠프에 참여하기 때문이지요. 6주나 되는 여름방학 동안 정말 신나게 놀아요. 개학을 하면 그전에 배운 것들은 당연히 알 쏭달쏭, 기억이 잘 나지 않겠죠. 그래서 9월에 시작되는 학기 초반에는 전체적으로 복습하는 시간을 가져요. 그렇기 때문에 아이가 이전에 배웠던 것들을 기억하지 못해 새로 배우는 단원을 어렵게 느끼거나 전혀 따라가지 못하는 일은 거의 없어요. 알면 알수록, 아이의 인지발달을 고려한 독일의 세심한 교과 과정에 감탄하지 않을 수 없습니다. 사실 우리나라는 이런 복습 과정이 조금은 부족합니다. 그러니 선행도 좋지만, 아이가 이전 학기에 배웠던 것들을 복습할 수 있도록 부모가 돕는 것이 좋습니다. 그러면 아이가 자신감을 가지고 새 학기 수학을 시작할 수 있을 겁니다.

초등 저학년 연산, 부모가 가르쳐야 하는 이유

부모는 아이 전문가가 되어야 하기에

초등 연산을 부모가 직접 가르쳐야 하는 이유 첫 번째, 우리 아이를 가장 잘 알고 또 키울 수 있는 존재가 바로 부모이기 때문입니다.

피겨퀸 김연아 선수의 어머니 박미희 씨는 "나는 연아를 전공했고, 연아는 나의 교과서다."라고 했어요. 이 말이 무슨 뜻일까요? 내 아이를 가장 잘 알고 있는 존재, 또 잘 알아야 하는 존재가 바로 부모라는 의미입니다.

지금 아이가 가장 관심 있는 부분이 무엇인지, 그 부분을 어떻게 공부로 연결시킬지, 무엇을 어려워하는지 등 아이에게 깊은 관심이 있어야만 알 수 있는 부분이에요. 부모보다 더 이런 부분을 잘 알아차리고 도와줄 수 있는 존재는 없어요.

그래서 제가 이 책을 썼습니다. 초등 저학년 과정, 아이가 연산 개념과 공부 습관을 잡는 시기를 부모와 함께하며 제대로 수학을 배울 수 있도록요. 3~4학년 이후의 어려운 과정은 전문 선생님의 도움을 받을 수도 있겠지만, '내 아이 전문가'로서 부모가 할 수 있는 데까지는 직접 하는 게 아이 공부에 더 도움이 되거든요.

수학 학습 습관과 첫인상은 부모가 결정한다

초등 저학년은 아이가 연산을 배우는 시기이며 뇌과학적으로 아이의 학습 습관이 형성되는 시기이기도 합니다. 따라서 이 시기 연산은 수학적 사고력의 기초를 다지기 위함도 있지만, 학습 습관을 형성하기 위한 도구로써 중요한 의미가 있어요. 학습 방향과 질이 진도보다 훨씬 더 중요한 이유입니다.

연산은 학습자(아이)에게 학습 목표를 정확하게 전달할 수 있습니다. 또한 아이의 수준과 상태에 따라 매일 학습량을 조절하기 쉽습니다. 아이는 보통 연산 공부를 통해 초기 학습 습관을 잡게 되는데요, 그렇기에 부모의 역할이 매우 중요합니다. 누가 숙제를 내든(부모 또는 학교 선생님이 되겠죠), 이를 지도하고 검사하는 건 부모의 몫이거든요. 따라서 부모가 연산을 제대로 가르치는 법을 모르면, 아이의 학습 습관을 잡기가 힘듭니다.

수학에 대한 첫인상을 결정하는 것도 부모입니다. 일상 속에서 한

번씩은 "기저귀 하나 가져다 줄래?" 정도의 말을 해본 적 있으시죠? 인식하지도 못하는 일상 중에 우리는 계속 아이에게 수학적인 자극을 던집니다. 그런데 혹시 아이에게 "너는 왜 이렇게 수를 못 세니?" "이것도 몰라?" 하는 식의 말을 하고 있진 않나요? 아이는 부모의 말을 거의 그대로 받아들여 내면화합니다.

아이에게 수학 첫인상이 '너무 어렵다'거나 '나는 잘하지 못한다'가 되어서는 안 되겠죠. 이 시기에 수학에 대한 올바른 방향성을 가지고 연산 개념을 공고하게 잘 다져 둬야 정말 속도를 내어 공부를 해야 할 때, 필요한 속도를 내며 달릴 수 있습니다.

한 문제를 풀어도 "잘한다 잘한다!" 하며 물개 박수를 하고, 10분만 앉아 있어도 "어제보다 2분 더 앉아 있구나!" 하며 '성장'한 부분을 칭찬해 주고, 아이가 힘들어할 땐 용기를 주며, 날마다 조금씩 학습 습관을 잡아가기 위해 애쓰는 과정을 함께 지켜봐 주는 사람, 부모 말고 없습니다. 많은 아이들을 돌봐야 하는 학교 선생님이나 일주일에 한두 번 보는 학원 선생님이 해 줄 수 없습니다. 아이 수학 첫인상은 부모가 결정합니다.

올바른 연산 교육의 방향성

그렇다면 초등학교 저학년 때는 어떤 방향성을 가지고 아이에게 연산을 가르치는 것이 좋을까요?

첫째, 개념 학습이 중요합니다. 각 연산의 의미, 연산이 일어나는 원리와 과정을 이해해야 해요. 문제를 많이 푸는 게 중요한 게 아니라, 문제를 풀 때 아이가 어떤 개념을 어떻게 사용했는지가 중요해요. 이를 위해 문제를 푸는 방식을 토론하고, 문제를 직접 만들어 보기도 하는 등의 활동을 하는 것입니다. 개념이 아닌 요령으로 문제를 풀게 아이를 방치하면 나중에 반드시 막히는 때가 옵니다. 이 책에서는 그런 위기의 단원을 따로 알려 드리고 있습니다.

둘째, 수를 보는 눈을 기르는 데 초점을 맞춰야 합니다. 숫자의 의미, 숫자 간 관계를 정확하게 알고 넘어가야 하죠. 특히 10진법을 기준으로 수를 파악할 수 있는 힘을 길러 주는 것이 중요합니다. 독일 수학에서는 저학년 때 10진법을 가르치는 데 많은 시간을 할애합니다. 우리가 일상에서 접하는 숫자 체계인 10진법을 정확하게 알면, 학년이 올라가면서 수의 범위가 확장이 되어 큰 수를 다룰 때도 어려움을 겪지 않아요. 아이들은 단순히 수가 크다는 이유만으로 겁을 먹고 긴장하는데 저학년 때 10진법을 확실히 알면 그럴 일이 없죠. 자리 수만 다를 뿐, 원리는 똑같으니까요.

셋째, 수학적 사고력을 향상시키는 것에 방향을 맞춰야 해요. 인공지능이 발달하는 현재, 앞으로 인간이 하는 기계적인 작업들은 컴퓨터가 대체하게 되겠죠? 컴퓨터가 좋은 답안을 내놓을 수 있는 '가치 있는 명령을 내리는 것'이 사람의 몫이 되겠고요. 컴퓨터는 프로그래밍된 대로 답을 찾으니까요. 가치 있는 명령을 내리려면 어떻게 해야 할까요? 전체를 꿰뚫어보면서 그와 동시에 세부적인 부분을 파악하고, 어떤 대상이나 현상의 객관적인 의미와 상대적인 의미를 파악하는 능력이 있어야 하죠. 우리는 이것을 통찰력이라고 부릅니다.

그런데 많은 부모들이 연산은 기계적으로 훈련하고, 어려운 개념이 나올 때부터 수학적 사고력을 기르는 훈련을 해야 한다고 착각해요. 그래서 연산은 기계적으로 풀게 시키고, 사고력 수학이니 뭐니 하는 것들을 시키며 연산과 사고력을 분리하곤 합니다. 하지만 수학적 사고력과 문제해결력 그리고 장기적으로 통찰력을 길러 주는 훈련은 연산부터 시작되어야 해요.

넷째, 무엇보다도 재미있어야 해요. 특히 연산을 막 시작하는 유치원 혹은 초등학교 저학년 아이들에게 수학이 정말 재미있는 과목이라는 인식을 심어 줘야 합니다. 이 시기의 아이들은 공부해야 할 이유를 이해하기 어려워해요. 그렇기 때문에 재미로 강력한 동기유발을 해야 하죠. 재미있어서 계속하고 싶고, 하다 보니 뭔가를 알아가는 즐거움도 크다는 것을 느끼도록 해 주세요. 뇌과학적으로 감정이 이성에 큰 영향을 끼친다는 사실을 꼭 기억하세요.

공부할 때 어떻게 '즐거운 기분'을 느끼게 할 수 있을까요? 작은 성취를 알아 주고 칭찬하세요. 또한 아이가 좋아할 만한 것을 소재를 활용하세요. 지금 우리 아이가 빠져 있는 아이템을 떠올려 보세요. 바로 그것으로 연산을 시키면 돼요. 처음 작은아이가 덧셈을 배울 때 한창 요정에 빠져 있었어요. 매일 요정 책만 읽고, 요정이 나오는 동영상만 볼 때였죠. 그때는 요정들이 파티하는 장면을 그려가면서 아이와 덧셈을 공부했어요. 아이가 좋아할 만한 것으로 시작하면 아이는 자연스럽게 그 상황에 몰입해서 배운다는 생각을 할 겨를도 없이 배워 나가더라고요.

지금까지 연산이 중요한 이유와, 독일 교과서식 연산 학습의 우수함, 그리고 그런 연산을 부모가 직접 가르쳐야 하는 이유에 대해 설명했습니다. 자, 이제 본격적으로 쉽고 즐겁게 수학의 원리를 알려 주는 독일 교과서식 연산 학습을 시작해 볼까요?

2장

덧셈의
기초를 잡아 보기

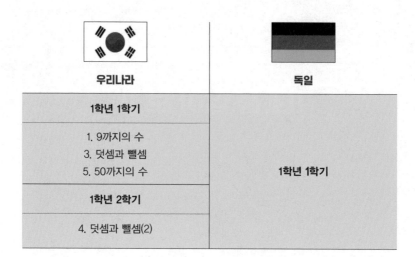

우리나라	독일
1학년 1학기	**1학년 1학기**
1. 9까지의 수 3. 덧셈과 뺄셈 5. 50까지의 수	
1학년 2학기	
4. 덧셈과 뺄셈(2)	

수와 덧셈의 세계에 아이가 발을 들였습니다! 수와 덧셈 개념과 등호 개념을 인지하고, 10진법에 의거한 사칙연산의 기초를 다지는 것이 목표입니다.

이 단계에서 연산을 가르칠 때 가장 중요한 점은, 아이가 재미있어해야 한다는 것이에요. '연산'이라는 친구와 처음 만나는 단계인 만큼 깔깔대고 웃을 정도는 아니더라도 최소한 '한번 해 보고 싶다'라는 생각이 들 정도의 호기심과 흥미를 유발해야 합니다.

0부터 10까지의 수를
알아보자

지금까지 아이는 유치원과 집에서 수를 읽고 세는 공부를 많이 했을 거예요. 어쩌면 26이라는 수를 보고 "이십육!"이라고 읽을 수도 있겠지요. 하지만 그게 정말로 수를 '인지'하고 있다는 뜻일까요? 아이가 외워서 기계적으로 이십육이라고 하나요, 아니면 그 뜻을 제대로 알고 이십육이라고 하나요? 어떻게 구별할 수 있을까요?

아이가 수 인지를 제대로 한다고 말할 수 있으려면 몇 가지 조건이 있어요.

우선 숫자를 읽고 쓸 수 있어야겠죠. 둘째로는 사물의 수를 셀 수 있어야 합니다. (이를 수와 양의 일치라고 합니다.) 그리고 순서를 수로 나타낼 수 있고, 1만큼 더 큰 수와 1만큼 작은 수를 이야기할 수 있으며, 0의 개념을 이해하고 숫자 0으로 나타낼 수 있어야 하고, 두 수의 크기를 비교할 수 있어야 하죠. 생각보다 조건이 까다롭죠?

이 중 가장 중요한 요소가 수와 양의 일치예요. 엄마표 수학에서는 흔히들 '수양일치'라고 부르는데, '합리적 수 세기'라는 용어로도 쓰여요. 중요한 이유는 어렵기 때문이에요. 사과 다섯 개와 돌멩이 다섯 개에서 5라는 추상적인 개념을 뽑아 '수가 같다'라고 인식한 것은 고작 수천 년 전의 일이에요. 수를 다루는 일은 생각보다 머리를 많이 써야 하는 어려운 작업이라는 뜻이죠.

수학은 추상적 세계를 다루는 학문이에요. 인간은 추상적 세계를 이해하기 어려워하고요. 독일의 교실에서는 구체적인 세계에서 출발해 추상적인 세계에 도달하는 프로세스를 제대로 경험하도록 이끌어요. 그 첫 단추가 0부터 10까지의 수를 이해하는 지금의 공부입니다.

수를 세며 수와 양을 일치시켜 보자

수를 읽고 쓰는 공부는 아이와 함께 지겹게 했을 테니, 바로 1부터 10까지 수를 세면서 수의 순서와 수가 가지는 양적인 개념부터 익혀 봅시다.

이 시기의 수학은 일상 속에서 시작해야 해요. 일상에서 수에 양적인 의미가 있다는 사실을 충분히 경험시키세요. 예를 들어 초콜릿을 아이에게 줄 때 "하나, 둘, 셋…" 하고 입으로 세면서 하나씩 접시에 놓아 주거나, 냉장고에서 오렌지 4개를 꺼내 오라고 시키는 식이죠.

일상 속에서 어느 정도 수가 가진 양적인 개념을 익혔다면, 이제 수-반구체물-구체물의 관계를 이용할 차례예요.

구체물	반구체물	수
🍬🍬🍬	● ● ●	3

구체물과 수 사이에 놓인 반구체물은 아이를 구체적인 세계에서 추상적인 세계로 이끄는 하나의 도구예요. 수 모형도 좋지만, 단추나 바둑알 등 쉽게 구할 수 있고 모양과 크기가 같기만 하면 됩니다.

이제 1부터 10까지의 숫자가 적힌 플래시 카드, 반구체물(바둑알 등) 10개, 구체물(사탕 혹은 젤리 등) 10개를 준비하고 아이와 다음의 놀이를 하세요.

구체물을 1개 놓으세요. 그 옆에 아이가 직접 같은 수의 반구체물을 놓게 하세요. 그 옆에는 그에 상응하는 숫자 카드를 놓게 하세요. 그러면 다음과 같이 놓일 것입니다.

그 다음, 반구체물과 숫자 카드는 그대로 두고 구체물만 하나 더 놓은 후, 아이에게 이렇게 질문하세요. "사탕이 늘어났네! 바둑알도 같은 수가 되게 놓아 볼래?" 아이가 반구체물을 맞게 놓으면 이어서 질문합니다. "카드도 맞게 놓아 볼까?" 1 카드를 치우고 알맞은 카드를 놓게 합니다.

이런 식으로 10까지 진행합니다.

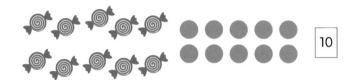

　거꾸로 부모가 카드를 먼저 놓고 아이가 반구체물과 구체물을 놓는 식으로 놀아도 좋아요. 아이가 수라는 추상적 세계와 손에 잡히는 구체적 세계를 자유로이 넘나들 수 있도록 도와주세요.

　아 참, 자릿값도 배우지 않았는데 9가 아닌 10을 들이민다고 걱정할 필요 없어요. 아이는 이미 10 이상의 수도 많이 봐 왔기에 수 인지에서도 10까지는 그냥 새로운 수로 무난하게 이해해요. 이 단계에서 10을 익히는 이유는 10을 기준으로 수를 생각하는 훈련을 빨리 하기 위해서예요. 자릿값은 나중에 20까지의 수를 익힐 때 확실히 알게 됩니다.

　이제 다음의 문제를 풀게 하여 수의 순서를 짚어 주세요. 양 개념을 익히는 것만큼 순서를 헷갈리지 않는 것도 중요해요.

수를 쓰기

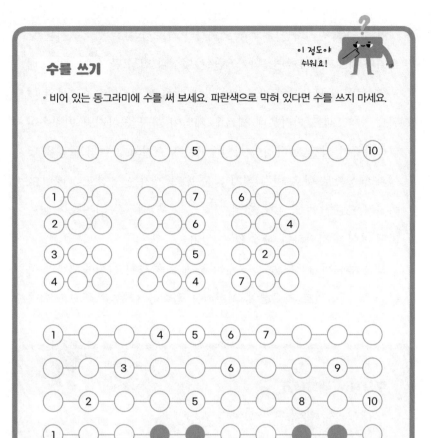

• 비어 있는 동그라미에 수를 써 보세요. 파란색으로 막혀 있다면 수를 쓰지 마세요.

이 정도야
쉬워요!

모으기와 가르기를 해 보자

1부터 10까지 숫자에 대해 기호와 순서에 양적인 의미를 더하여 이해했다면, 이제는 수가 가지는 중요한 특성인 수의 합성(모으기)과 분해(가르기)를 체득할 순서입니다.

이제 수를 인지하는데 대뜸 모으기와 가르기라니? 한국에서는 모으기와 가르기를 1학년 1학기 3단원, 덧셈과 뺄셈 단원에서 처음 배우죠. 그런데 모으기와 가르기와 함께 덧셈 뺄셈 기호, 등호까지 배워요. 안 그래도 어려운데 새로운 개념이 마구 쏟아지면 머릿속이 뒤죽박죽이 되겠죠. 하지만 독일에서는 모으기와 가르기 활동을 덧셈과 뺄셈으로 바로 연결 짓지 않고 수가 가지는 특징으로 배워요. 이처럼 모으기와 가르기, 덧셈 기호, 등호를 배우는 간격을 떨어뜨리면 아이가 하나하나 잘 익힐 수 있어요.

빨간색과 파란색 색연필을 준비하세요. 주사위 그림에 2개의 다른 색깔 색연필로 자유롭게 색칠하는 놀이를 합니다. 핵심은 가장

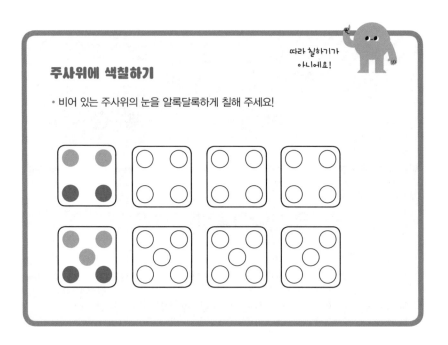

왼쪽 주사위와 똑같은 모양으로 칠하지 않아야 한다는 점에 있어요. 빨간색과 파란색을 자유롭게 사용하며 직접 수의 조합을 만들게 유도하세요. "빨간색은 하나, 파란색은 세 개…." 주사위 눈의 수는 서로 같은데 두 가지 색으로 색칠하는 방법에는 여러 가지가 있다는 것을 체득하게 됩니다.

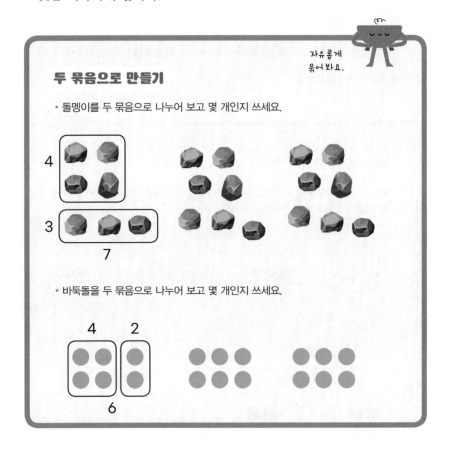

자유롭게
묶어 봐요.

두 묶음으로 만들기

• 돌멩이를 두 묶음으로 나누어 보고 몇 개인지 쓰세요.

4

3

7

• 바둑돌을 두 묶음으로 나누어 보고 몇 개인지 쓰세요.

4   2

6

이후 동일한 수의 구체물과 반구체물을 자유롭게 두 묶음으로 나누어 보는 활동을 합니다.

실제 구체물과 반구체물로 진행할 때는 숫자 카드를 준비하고 옆에 알맞은 숫자 카드를 놓게 하고, 문제를 풀 때는 옆에 수를 쓰게 하세요. 이 과정을 통해 아이는 수를 자유롭게 쪼개거나 합칠 수 있다는 것을 이해하게 됩니다. 즉 7이 3과 4로도 쪼갤 수 있지만 5와 2로도 쪼갤 수 있고, 4와 3이 모여도 7이 되고 5와 2가 모여도 7이 된다는 사실을 알게 되죠.

마지막으로 다음 문제를 통해서 아이가 모으기와 가르기를 잘 이해했는지 확인합니다.

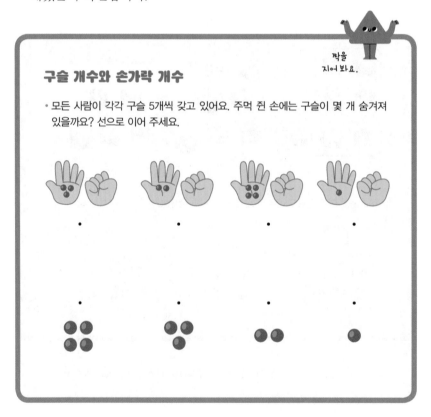

구슬 개수와 손가락 개수

• 모든 사람이 각각 구슬 5개씩 갖고 있어요. 주먹 쥔 손에는 구슬이 몇 개 숨겨져 있을까요? 선으로 이어 주세요.

작을
지어 봐요.

'아무것도 없다?' 0 익히기

0은 없음을 수로 나타낸 기호예요. 추후 10진법에서 0의 쓰임과 자릿값을 공부하려면 이 단계에서 0을 제대로 인지하는 것이 중요합니다.

이를 위해 먼저 '있다'와 '없다'의 대비를 통해 0이 없음을 나타내는 수임을 먼저 인지합니다.

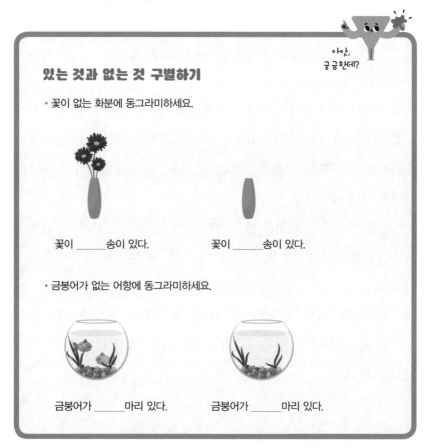

아얏, 궁금한데?

있는 것과 없는 것 구별하기

• 꽃이 없는 화분에 동그라미하세요.

꽃이 _____ 송이 있다.　　　　꽃이 _____ 송이 있다.

• 금붕어가 없는 어항에 동그라미하세요.

금붕어가 _____ 마리 있다.　　　　금붕어가 _____ 마리 있다.

거꾸로 세기를 이용한 놀이로 0이 1보다 1 작은 수라는 개념을 익히게 할 수도 있어요. 종이에 쉽게 지워지는 연필로 동그라미를 6~7개 정도 그린 후, 아이가 하나씩 지워가며 수를 세게 해요. 7, 6, 5, 4, 3, 2, 1까지 세어 동그라미를 하나만 남기고, 그것마저 지운 후 동그라미가 몇 개냐고 물어봅니다. 아이가 0이라고 대답하면 "맞아. 없네! 0이네!"라고 받아주세요.

5를 기준으로 수 인지하기

10진법을 쓰는 우리는 10을 기준으로 생각하고 활용할 줄 알아야 합니다. 하지만 처음부터 10을 기준으로 생각하는 것은 아이들에게 어려울 수 있어요. 따라서 10보다 더 쉬운 5를 기준으로 수를 파악하는 게 우선이죠.

다음 문제는 가장 처음 했던 사탕 놓기 놀이와 비슷해요. 그런데 조금 다른 부분이 있죠? 5를 기준으로 수를 파악하도록 유도하고 있어요.

손가락의 수만큼 동그라미를 그려요. 동그라미 5개(쫙 펼친 왼손)를 묶고 숫자 5를 쓰고, 남은 동그라미(오른손)의 수를 씁니다. 그 후 수를 쓰는 거죠.

손가락 세기

• 손가락이 몇 개인가요?

	5	
✋☝	●●●●● ●	6
✋✌		
✋		
✋		
✋✋		

아이가 잘 따라왔다면 앞의 문제와 정반대로 추상적인 수를 5를 기준으로 생각해 표현하는 문제를 풉니다. 앞의 문제가 '인풋'이라면, 이 문제는 '아웃풋 과정'으로 볼 수 있겠네요.

마지막으로 1부터 5까지의 수와 6부터 10까지의 수를 비교하는

동그라미 그리기

• 왼쪽 수만큼 동그라미가 필요해요. 그려 주세요.

6 ⬤⬤⬤⬤⬤ ○

8 ⬤⬤⬤⬤⬤⬤⬤⬤

7 ⬤⬤⬤⬤⬤⬤⬤

9 ⬤⬤⬤⬤⬤⬤

10 ⬤⬤⬤⬤⬤

과정입니다. 1-6, 2-7, 3-8, 4-9, 5-10을 비교해 항상 5만큼 더 크다
는 사실을 알게 유도하는 거죠.

먼저 다음의 공연(?)으로 아이에게 시각적·청각적 자극을 주세요.

왼손은 뒤로 하고 오른손의 손가락을 하나만 펼칩니다. "손가락 하나, 일." 그 다음, 숨겼던 왼손을 쫙 펼치고 앞으로 내밉니다. "손가락 하나에 다섯이 더 있으면 여섯, 육." 이걸 여러 번 반복해 아이에게 1과 6의 차이를 확실히 인지시키는 거예요. 2와 7, 3과 8, 4와 9, 5와 10도 똑같이 해 주세요.

이후 다음 문제를 아이 스스로 풀도록 합니다. 놀이를 문제로 확인하는 과정이에요.

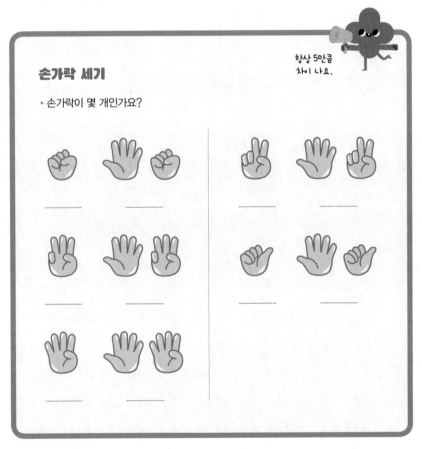

손가락 세기

• 손가락이 몇 개인가요?

항상 5만큼 차이 나요.

이때 왼쪽과 오른쪽의 그림을 비교하면서 두 수가 어떻게 다른지 함께 이야기해 보세요. "7은 2에 5만큼 더 있는 수야."

여기까지 잘했다면 아이의 수 인지는 완벽에 가까울 거예요. 이제 덧셈의 세계에 뛰어들 준비가 되었어요!

덧셈의 첫걸음, '더해서 5'와 '더해서 10'

'더해서 몇'은 독일 초등학교 1학년 수학 교과서에 처음 나오는 연산입니다. 더해서 5 혹은 10이 되는 여러 조합을 익히고, 덧셈 기호(+)를 인지하는 것이 목표입니다. '모으기' 및 '가르기'라는 용어가 더 익숙할 겁니다.

10까지의 수를 인지한 후 '더해서 5'와 '더해서 10'을 가장 먼저 배우는 이유는, 이것이 나중에 배우게 될 덧셈과 뺄셈 연산에서 어림의 기준이 되기 때문입니다. 7+6과 같이 더해서 10을 넘어가는 덧셈을 배울 때, 6을 3+3으로 가르기하여 7을 10으로 만들어 계산하는 방법이 있습니다. 이때 지금 단계에서 배운 '더해서 10'이 아이의 머릿속에서 어림의 기준으로 떠오르죠.

"7+6을 계산하라고? 음, 7+3=10이니까 7+6=7+3+3이고, 그럼 7+6=10+3이니까 답은 13이네!"

독일 교과서식 사칙연산의 바탕이 이와 같이 어림하는 능력이고, '더해서 5'와 '더해서 10'은 어림의 기초입니다. 절대 가볍게 배워서는 안 되겠죠?

재미있는 5개 만들기 놀이

'5'라는 수가 또 등장했어요. 앞서 말했듯이 5를 기준으로 생각하는 힘을 길러 이후에 배우게 될 중요한 개념인 10진법을 더 쉽게 이해하도록 돕기 위해서예요.

먼저 덧셈 기호의 의미부터 정확하게 이해해야 하기 때문에, 아직 등호(=)는 등장할 단계가 아닙니다. 그래서 등호 대신 사용하는 것이 집 모양의 상자입니다. 네모에 들어 있는 수식(덧셈식)을 계산하고, 그 결과를 지붕에 써서 집을 채웁니다. 덧셈을 통해 집을 완성하면서 등호 없이 덧셈의 의미를 익히도록 돕는 거죠. 아이는 1과 4를 모으기하면 5가 된다는 것, 5를 가르기하면 1과 4가 나온다는 것을 깨닫고, 더하기 기호의 의미를 감각적으로 익힐 수 있습니다.

우선 아이와 놀이부터 시작하되, 지금 아이가 푹 빠져 있는 것을 소재로 삼으세요. 이 시기는 재미와 흥미가 가장 강력한 학습 동기입니다. 예를 들어 작은아이는 '더해서 5'를 배울 나이에 한창 요정과 공주에 빠져 있었습니다. 그래서 요정나라에서 열린 파티 그림을 그려 아이의 주의를 끌었습니다. 이때 집 모양 상자도 여러 개 그려 둡니다. 그림을 잘 그릴 필요도 없어요. 그런 다음 '더해서 5' 조합에 맞게 풀 수 있도록 초대된 요정의 수, 필요한 케이크와 의자의 수 등 다양한 질문을 던지고 설명했습니다.

"파티에 초대된 요정은 모두 5명이야. 요정 5명이 다 와야 파티를 시작한대. 앗, 요정 3명이 도착했어. 그렇다면 요정 몇 명이 더 와야 파티를 시작할 수 있을까? (아이가 2명이라고 대답하면) 맞아! 2명이 더 와야겠지. (집 모양 상자에 숫자 3을 쓰며) 요정 3명은 이미 도착해 있었고 (+기호와 숫자 2를 쓰며) 요정 2명이 더 왔더니 (지붕에 숫자 5를 쓰며) 모두 5명이 되어서 파티를 시작할 수 있어!"

"파티장에 의자가 2개밖에 없네. 요정 5명 모두 의자에 앉을 수 있게 네가 의자를 그려줄 수 있을까? (아이가 의자를 3개 그리면, 집 모양 상자에 2를 쓰며) 의자 2개에 (+와 3을 쓰며) 의자 3개를 더했더니 (지붕에 숫자 5를 쓰며) 모두 5개가 되어서, 요정이 다 앉을 수 있게 됐어!"

"파티장에 맛있는 케이크가 1조각밖에 없잖아? 요정들 모두 케이크를 하나씩 먹으려면 케이크가 몇 조각이 더 필요하지? (아이가 4조각이라고 대답하면) 그래 맞아! (집 모양 상자에 1을 쓰며) 케이크 1조각에 (+와 4를 쓰며) 4조각이 더해져서 모두 5조각이 되었어."

아이는 엄마가 던지는 질문들을 해결하는 과정에서 더해서 5가 되는 수의 다양한 조합을 복습함과 동시에 덧셈의 의미(둘 이상의 수를 모으는 것)와 덧셈 기호의 의미를 감각적으로 익힐 수 있습니다. 만약 덧셈 기호의 모양을 낯설어한다면, 덧셈 기호의 의미가 '앞과 뒤에 있는 숫자를 더한다'임을 정확하게 설명해 주세요. '2 더하기 3'이라는 긴 문장을 2+3으로 간단하게 표현할 수 있다고 말이죠.

손으로 그리고 쓰고 만지며 '더해서 5' 익히기

놀이를 통해 아이가 어느 정도 숫자들의 조합에 감을 잡았다면, 문제를 풀어 볼 차례예요. 놀이에서는 엄마가 리드했다면, 이제 직접 '더해서 5'가 되는 조합을 생각해 보게 하는 거죠.

2+3이나 3+2가 잔뜩 적힌 문제집을 건네 주지 마세요. 일상 속에서 접할 수 있는 것으로, 눈으로 보고 손으로 그리고 쓰는 체험을 할

단계입니다. 문제에 즐거운 스토리를 덧입혀서 아이가 즐겁게 문제에 몰입할 수 있도록 도와주세요.

　다음의 수 인지 복습 문제부터 풀게 하세요. 딸기맛 사탕과 포도맛 사탕을 모으고 가르며 '더해서 5'를 익히게 합니다. 딸기맛과 포도맛 사탕만 파는 사탕 가게에 방문했는데, 사탕 5개가 들어가는 상자를 채워야 하는 거죠.

　문제에 맞게 분홍색과 초록색 펜을 준비하세요. 답지에 직접 사탕을 그려 넣으면서 '더해서 5' 조합에 어떤 것들이 있는지 손 감각으로 느끼는 거예요. 그리는 걸 어려워하면 손으로 만질 수 있는 진짜 사탕을 준비하세요. 물론 아이가 딸기맛이나 포도맛을 싫어하면, 가장 좋아하는 맛으로 문제를 바꿔야겠죠?

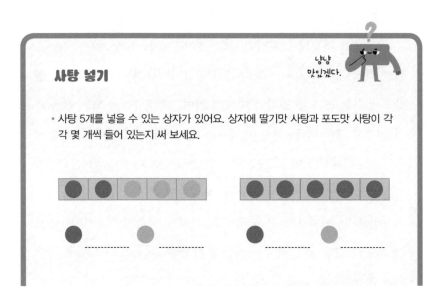

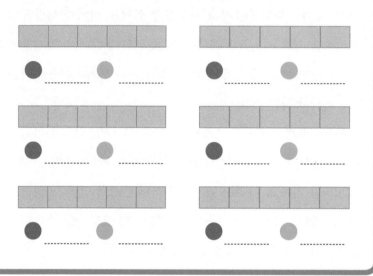

• 이제 상자에 직접 딸기맛 사탕과 포도맛 사탕을 자유롭게 넣어 주세요. 그런 다음 상자 속 딸기맛 사탕과 포도맛 사탕을 몇 개씩 넣었는지 써 보세요.

손으로 충분히 '더해서 5'를 익혔다면, 다음의 '동그라미 가르기' 문제를 통해 덧셈의 교환법칙(더하는 순서를 바꿔도 답은 같다)을 자연스럽게 익히도록 합니다. 왼쪽의 파란 동그라미들과 오른쪽의 집 모양 상자에 적혀 있는 수 조합을 비교해 가며, '더해서 5'가 되는 값을 확인합니다. 그런 다음, 아이가 자유롭게 왼쪽의 동그라미 사이에 선을 그어 '더해서 5'가 되는 2개의 수 조합으로 나누고, 이를 오른쪽 집 모양 칸에 '더하기가 포함된 수 형식'으로 쓰는 것입니다.

앞선 사탕 문제에도 이 문제에도, 아이가 직접 수식을 만들어 보는 문제가 있습니다. 적극적 학습을 통해 '더해서 5'의 개념을 완벽하게 학습하도록 하죠.

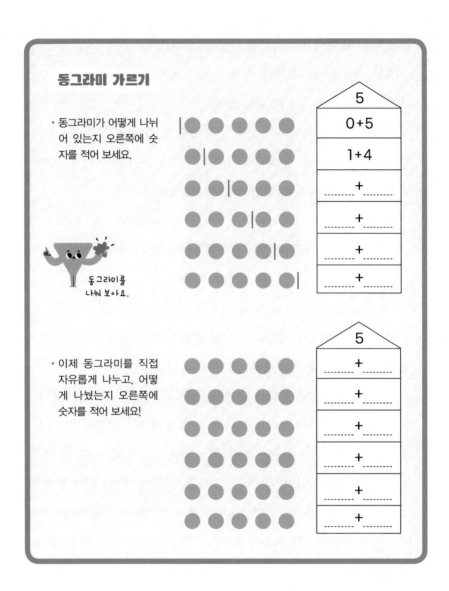

동그라미 가르기

• 동그라미가 어떻게 나뉘어 있는지 오른쪽에 숫자를 적어 보세요.

5
0+5
1+4
+
+
+
+

동그라미를 나눠 보아요.

• 이제 동그라미를 직접 자유롭게 나누고, 어떻게 나눴는지 오른쪽에 숫자를 적어 보세요!

5
+
+
+
+
+
+

이렇게 문제를 푸는 것도 좋지만, 일상에서 자연스럽게 5가 되는 조합을 생각해 보고 이야기를 나누는 것이 좋습니다. 간식을 먹을 때, 책을 정리할 때, 집안일을 할 때 등 기회는 많습니다. 예를 들어

간식을 줄 때 이렇게 이야기를 나눌 수 있어요.

"오늘 간식은 딸기 5개야. (딸기 하나를 아이가 들고 있는 접시에 두면서) 엄마가 너한테 몇 개를 더 줘야 할까?"

이렇게 1개부터 5개까지 모두 주고 질문을 합니다. 그런 다음 역할을 바꿔서 아이가 엄마에게 간식을 주도록 하면, 아이는 부모가 했던 질문을 그대로 따라하면서 놉니다.

재미있는 손가락 놀이로 '더해서 10' 익히기

'더해서 10'을 배울 단계입니다. 더해서 10이 되는 조합도 처음에는 즐거운 놀이로 배우기 시작하는 것이 좋습니다.

5를 기준으로 10을 생각할 수 있게 돕는 손가락 놀이를 소개할게요. 수 인지 단계에서 했던 손가락 놀이와 달리 접힌 손가락까지 이용하는 꽤 고난도 놀이예요. 우선 왼손은 뒤로 숨긴 채 오른손은 주먹을 쥔 상태에서 엄지만 펴서 '엄지척' 모양으로 아이 앞에 두고, '펴진 손가락'과 '접힌 손가락'의 수를 세어 보도록 합니다(1과 4의 조합). 왼손을 쫙 펴서 오른손 옆에 두고, 펴진 손가락과 접힌 손가락의 수를 세어 보게 합니다(6과 4의 조합). 다시 왼손을 뒤로 숨깁니다. 다시 1과 4의 조합을 눈으로 확인합니다. 이렇게 하면 아이는 1+4는 5, 6+4는 10이라는 사실을 인지합니다. 이런 식으로 2+3/7+3, 3+2/8+2, 4+1/9+1, 5+0/10+0의 조합을 전부 알려 줍니다. 그러면

엄마는 4! **나는 6!**

'더해서 10'이 되는 숫자의 조합이 '더해서 5'가 되는 숫자의 조합에서 정확히 5씩 늘어나고 있다는 사실을 감각적으로 익힐 수 있습니다. 손가락에 그림을 그리거나 손가락 인형을 씌워서 진행하면 아이와 더 즐겁게 진행할 수 있습니다.

손가락은 10진법을 익히는 훌륭한 도구입니다. '열 손가락' 놀이도 해 보세요. 두 사람의 손가락의 합이 10개가 되도록 하는 건데요, 엄마가 먼저 손가락을 펴서 아이 앞에 보여 주고 편 손가락의 숫자를 외칩니다. "엄마는 4!" 그리고 아이가 합하여 10개가 되도록 손가락을 펼 때까지 기다립니다. 이때 손가락만 펴지 말고 숫자도 입으로 외치게 하세요. "나는 6!" 하는 식으로요. 엄마가 문제를 두어 번 냈다면, 공수를 전환해 아이가 먼저 손가락을 내게 하고 엄마가 맞히세요. 아이가 특히 헷갈려 하는 숫자 조합을 반복하면 좋습니다. 별것 아닌 놀이지만 아이가 무척 재미있어합니다. 잠들기 직전 침대에서 시간을 조금 내어 즐겁게 해 보세요. 이 놀이를 하고 잠들면, 아이의 뇌 속 장기기억을 담당하는 해마에서 기억 강화 활동(memory consolidation)이 활발하게 이루어질 거예요. 아이가 배운 '더해서 10'을 부지런히 장기기억장치에 저장하죠. 같은 방식의 놀이를 단추, 레고, 구슬, 사탕 등 모양과 색깔이 같은 재료 10개로 해 볼 수 있어요.

'더해서 5'를 이용해
'더해서 10'을 익혀 보자

아이가 일상 속에서, 그리고 놀이를 통해 더해서 10이 되는 숫자의 조합을 감각적으로 익혔다면, 다음의 문제를 풀어 보게 하세요. 이미 배운 '더해서 5'를 이용하면 '더해서 10'도 어렵지 않게 배울 수 있습니다.

다음의 문제를 보면 왼쪽은 '더해서 5' 조합을 다시 풀게 되어 있고, 오른쪽에 '더해서 10' 조합이 나옵니다. '더해서 10' 문제에서는 5가 박스 안에 고정되어 있기 때문에, 자연스럽게 둘을 비교하면서 '더해서 10'이 되는 조합을 머릿속에 완전히 정리하도록 돕습니다.

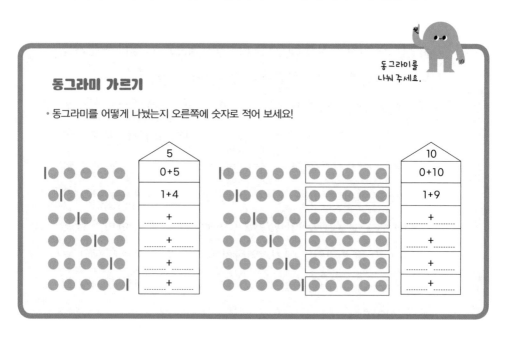

동그라미를
나눠 주세요.

동그라미 가르기

• 동그라미를 어떻게 나눴는지 오른쪽에 숫자로 적어 보세요!

앞서서 한 손가락 놀이에서, 왼손을 5로 고정하고 이를 토대로 '더
해서 10'을 익힌 것과 원리가 똑같아요. 놀이를 충분히 했다면 아이
는 어렵지 않게 이 문제를 해결할 거예요.

　더해서 5와 더해서 10을 비교하면서 10에 대한 이해를 높였다면,
이제 콕 집어 5가 2개 모이면 10이 된다는 사실을 다시 한 번 인지
할 차례예요. 이 과정은 나중에 배우게 될 두 자리 수 덧셈에서 중요
하게 응용되는 부분이니 쉽다고 휘리릭 넘어가지 말고 확실하게 이
해하도록 도와주세요. 5가 둘 모여 10이 되는 다양한 예시를 그림을
그려 가며 들어 주세요. 그 과정은 아주 즐거워야 해요.

직접
그려봐요.

5가 둘 모이면?

· 달걀 5개를 사 왔는데, 5개를 더 사 오면 몇　· 왼손 손가락은 5개! 오른손까지 합치면 손
　개가 될까요?　　　　　　　　　　　　　　　가락은 총 몇 개가 될까요?

· 왼발 발가락은 5개! 오른발까지 합치면 발가　· 요구르트 5병을 사 왔어요. 요구르트 5병을
　락은 총 몇 개가 될까요?　　　　　　　　　　더 사 오면 몇 개가 될까요?

특히 손가락이나 발가락을 그리면서 아이들이 엄청 즐거워할 거예요. 아이가 자신의 손을 보며 그려도 재미있고, 손을 종이에 직접 대고 그려도 재미있어요. 작은아이는 이 놀이를 하며 한참을 깔깔거리고 웃었어요.

이때 주의할 것이 있어요. 이 과정이 아주 즐거워야 한다고 했죠. 그런데도 많은 부모들이 아이가 연산 공부를 하며 깔깔거리고 웃거나 그림을 그리며 장난을 치면, 아이가 공부 시간에 집중하지 않는다고 생각합니다. 절대 그렇게 생각하면 안 됩니다. 우리가 어렸을 때 숙제하기 싫어 몸을 꼬았던 것을 떠올려 보세요. 아이가 수학 문제를 풀며 웃는 것이 얼마나 다행인가 하는 생각이 들 거예요. '아, 덧셈을 이렇게 즐겁게 배우고 있으니 확실하게 알겠구나! 그리고 연산을 좋아하겠구나!'라고 생각하세요. 연산 문제가 재미있으니 즐겁고, 할 만하니 연산에 자신감이 붙어서 웃음이 절로 나오는 것이니까요. 거듭 말씀드리지만 이 시기의 연산은 즐거운 체험이어야 해요.

'더해서 5'에서 풀어서 익숙해진 문제 유형을 재활용할 수도 있어요. 다음 문제에서는 한 상자에 딸기맛 사탕과 포도맛 사탕이 10개씩 들어갑니다. 어려워하면 직접 두 종류의 다른 간식을 접시에 놓아가며 생각할 기회를 주세요. 이때도 역시 아이가 좋아하는 스토리를 입히는 게 좋아요.

사탕 넣기

• 한 상자에 10개씩 사탕을 넣을 수 있어요. 상자마다 원하는 딸기맛 사탕과 포도맛 사탕을 자유롭게 넣어 보세요. 그런 다음, 상자 속 딸기맛 사탕과 포도맛 사탕을 몇 개씩 넣었는지 써 보세요.

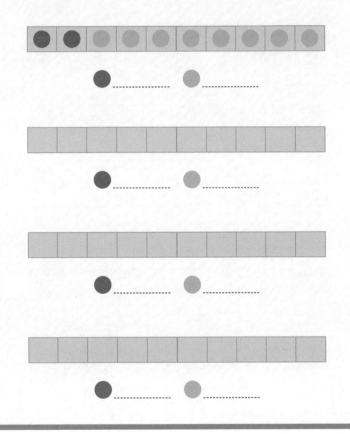

자, 이제 위의 문제를 살짝 변형해 덧셈 기호를 익히도록 도와줄 시점입니다.

사탕 넣기

냠냠
맛있겠다.

• 한 상자에 10개씩 사탕을 넣을 수 있어요. 상자마다 원하는 딸기맛 사탕과 포도맛 사탕을 자유롭게 넣어 보세요. 그런 다음, 상자 속 딸기맛 사탕과 포도맛 사탕의 수를 더해 보세요!

+
-------------- --------------

+
-------------- --------------

+
-------------- --------------

+
-------------- --------------

+
-------------- --------------

수학원리를 제대로 배운 아이는 쉽게 계산합니다

이제 손과 눈으로 '더해서 10'을 충분히 익혔으니, 직접 셀 수 있는 사탕 없이 수와 기호만으로 10이 되는 조합을 찾아보도록 이끌어주세요. 이때 0+10이나 10+0 등 0이 들어간 조합도 언급하는지 확인하고요.

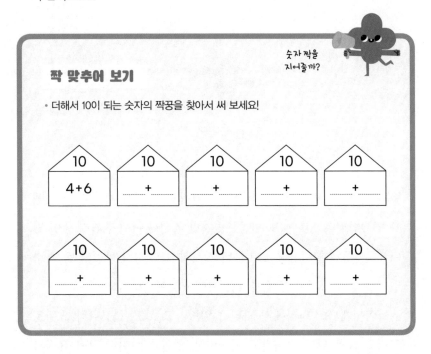

여기까지 무사히 풀었다면, 아이는 이제 0에서 10까지의 수를 5와 10을 기준으로 생각할 수 있게 됐어요! 10은 5와 5를 더한 수, 6은 5보다 1 큰 수, 9는 10보다 1 작은 수 등등.

덧셈의 개념을 익혀 보자

'더해서 10'도 익히고, 덧셈 기호도 익혔으니, 이제 제대로 된 덧셈을 연습합니다. 앞에서도 말씀드렸지만 역시나 아이가 가장 흥미 있어 하는 주제를 활용해 놀이부터 시작하세요. 저희 아이가 푹 빠져 있던 요정을 가지고 함께 놀았던 예시를 보여드릴게요.

아이에게 요정나라에서 파티가 열렸다고 하고, 분홍나라 요정을 그리고 싶은 만큼 그리라고 시킵니다. 엄마는 아이가 그린 요정의 수를 보며, 합쳐서 10 이하의 덧셈이 되도록 보라나라 요정을 그립니다. 예시 그림에서는 아이가 분홍나라 요정을 3명 그렸고, 엄마가 보라나라 요정을 5명 그렸습니다. 3+5를 알려 주기 위해서죠.

그런 다음 다음과 같은 질문을 던져 보세요.

"분홍나라 요정이 몇 명이나 왔지?"

"보라나라 요정은 몇 명이나 왔어?"

"그럼 오늘 파티에 온 요정은 모두 몇 명이야?"

"보라나라 요정이 분홍나라 요정보다 몇 명 더 많아?"

스토리를 만들어 재미나게 이야기하면 아이가 더 몰입합니다. 이야기와 문제는 만들기 나름이에요.

손과 눈으로
더하기 개념 익히기

요정놀이를 충분히 했다면, 이제 다음의 연습 문제를 아이와 함께 풀어 봅니다. 어려워한다면 단추나 레고와 같이 손으로 직접 만질 수 있는 구체물을 이용하세요.

다음 쪽의 문제는 가려진 개수만큼 동그라미를 세고, 오른쪽 집 모양 상자에 식을 완성하는 문제입니다. 그림을 보는 것만으로도 식을 완성할 수 있게 구성되어 있어요. 참고로 동그라미 5개마다 줄이 그어져 있는데, 5단위를 표시하는 줄이예요. 아이가 5와 10에 익숙해질 때까지 계속 등장할 예정입니다. 아이는 동그라미가 8개가 되려면 6개에서 몇 개가 더 필요한지 눈으로 확인하며 식을 쓰면서 '더 많은 수'에 대한 개념을 익힙니다.

동그라미 세어 보기

• 숨겨진 동그라미와 드러난 동그라미를 합쳐 세어 보세요.

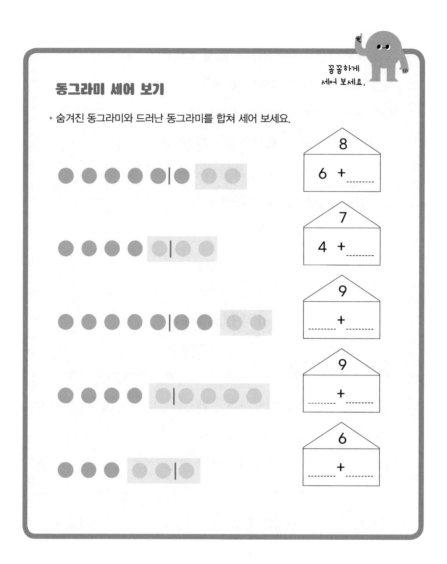

'더해서 10'이 되는 조합
전부 찾아보기

이제 눈으로 직접 세어 볼 수 있는 동그라미를 없애고, 수와 덧셈 기호만 사용해 볼까요? '값이 10 이하'인 모든 덧셈의 경우를 보겠습니다. 지붕에 쓰여 있는 수가 되기 위해서는 어떤 수들이 만나면 좋을지 이야기를 나누고, 아이가 이를 숫자로 표현하도록 유도하세요. 이 문제는 하나의 수가 여러 가지 조합으로 이루어질 수 있음을 명확하게 알 수 있도록 돕습니다.

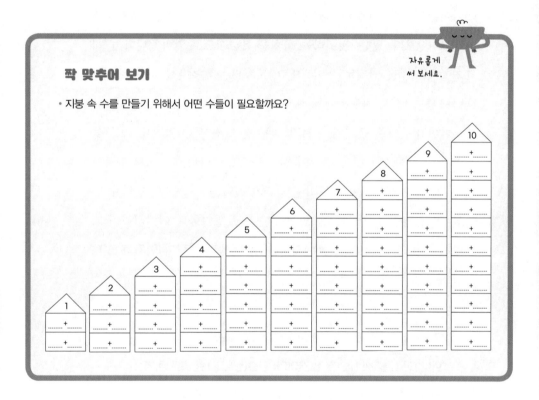

자유롭게
써 보세요.

짝 맞추어 보기

• 지붕 속 수를 만들기 위해서 어떤 수들이 필요할까요?

이 문제는 아이에게 수가 담고 있는 여러 의미를 알려 주기도 합니다. 처음 숫자를 인지할 때, 대개 수를 순서대로 '일, 이, 삼, 사⋯구'로 외우면서 배웁니다. 그러면 아이들은 수를 서수로만 인식합니다. 다시 말해 숫자를 단순히 순서로 생각하게 될 가능성이 커요. 5는 다섯 번째를 의미하기도 하지만 다섯 개를 의미하기도 하는데 말이에요. 이 문제는 네모칸이 하나씩 늘어나는 모습을 통해, 자연스럽게 수에 포함되어 있는 '양'의 개념을 인지하게 돕습니다. 물론 2 지붕 밑의 상자는 3개고 3 지붕 밑의 상자는 4개지만, 이 단계의 아이들은 그런 것들을 세세하게 따지기보다는 그저 이 문제를 보면서 3이 2보다 '많은' 것이라는 사실을 본능적으로 알아챕니다. 더하기를 두고 0을 앞뒤로 쓰며 '0은 아무것도 더하지 않는다는 뜻이구나!'라는 사실도 자연스럽게 깨치죠.

아이가 문제를 풀다가 숨겨진 '패턴'을 발견할 수 있어요. 예를 들어 지붕 4 박스를 다음과 같이 0+4, 1+3, 2+2, 3+1, 4+0으로 채우면서, 앞의 수가 커지면서 뒤의 수가 작아진다는 사실을 발견할 수 있죠. 만약 아이가 이 사실을 먼저 발견하고 엄마한테 이야기하면 칭찬해 주세요. 그리고 그 패턴의 의미를 덧셈의 개념과 연결해 설명할 수 있도록 유도하세요.

"엄마, 앞의 수가 1씩 작아지고 뒤에 수가 1씩 커지네."
"와! 진짜 그렇네! 대단한 발견이다! 그런데 왜 그런 것 같아?"
"하나가 작아지면 하나가 커져야 하니까 그런 것 같아."

만약 아이 스스로 발견하지 못하면 힌트를 살짝 주며 알아챌 수 있도록 유도하세요.

문제 만들어 보기

여기까지 해냈다면 아이가 직접 문제를 만들어 보도록 합니다. 계속 강조하지만, 독일식 수학의 핵심은 직접 문제를 만들고 발표함으로써 메타인지를 기른다는 데 있어요. 내가 무엇을 알고 무엇을 모르는지 짚고 넘어가야 그 다음 단계로의 도약이 가능하거든요!

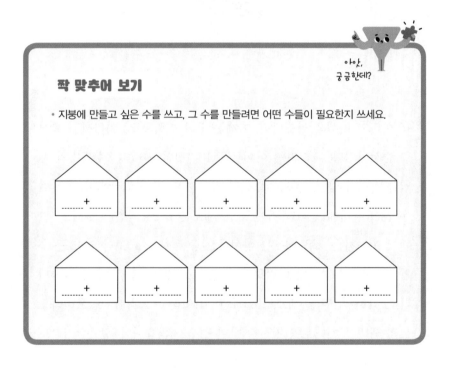

20까지의 수, 그리고 자릿값

10 이하의 덧셈을 익혔다면, 이제는 수의 범위를 20 이하까지 확장할 순서입니다. 그러려면 아이들은 10진법의 원리인 '자릿값'의 개념을 반드시 익혀야 하는데, 이걸 익히는 건 아이 입장에서 결코 쉬운 일이 아니에요. 10까지는 그냥 '새로운 수'로 익힌다고 해도, 11에서 20까지를 처음 배우는 아이들은 종종 11을 10보다 하나 큰 수가 아니라 1이 두 개 나란히 놓여 있다고 생각하는 경우가 있습니다. 그래서 '십일'을 써보라고 하면 101이라고 쓰거나, 잘 쓰더라도 11의 의미를 제대로 인지하지 못한 경우가 많습니다. 같은 1이라도 자리에 따라 크기가 달라지는 자릿값 개념을 모르기 때문이죠.

11은 10이 1묶음이고 낱개가 1인, 10보다 1만큼 큰 수임을 인지하는 것이 중요합니다. 이전에 배운 '더해서 10'과 0의 개념이 확실히 잡혀 있다면 자릿값을 인지하는 것은 결코 어렵지 않아요!

10보다 많은 수 익히기 놀이

다음의 4단계를 거치면 아이에게 10보다 많은 수가 어떤 의미이고 어떻게 쓰는지 확실히 알려 줄 수 있어요. 10의 묶음과 낱개 조합을 알려 주고, 그걸 실제 숫자로 인지하기까지의 과정입니다.

준비물은 단추나 레고 등 모양이 같은 물건 20개, 그리고 0부터 20까지의 숫자와 덧셈 기호(+)가 적힌 플래시 카드입니다.

11을 인지하는 방법을 예로 들어 설명하겠습니다.

첫째, 단추 11개를 10개와 1개로 나눠 늘어놓습니다. 이때 10개는 위에, 1개는 아래에 둡니다.

> "와, 단추가 10개보다 많네! 어떻게 세어야 할까? 그래, 10개씩 묶어 보자. 이렇게 10개를 묶을 수 있고, 하나가 남네."

둘째, 숫자 카드 중 10과 1을 단추 옆에 놓습니다.

> "숫자로는 이렇게 쓰지!"

셋째, 아이가 지켜보는 가운데 숫자 카드를 가로로 놓고 사이에 + 기호가 쓰인 카드를 놓습니다.

"자, 이제 10과 1을 더해 볼까?"

넷째, 숫자 11 카드를 내려놓습니다.

"10과 1을 더해서 11이 됐어!"

10을 기준으로 생각하며, 10을 묶고 남은 것을 0 대신 일의 자리 수에 쓴다는 사실을 알려 주는 과정이었습니다. 동일한 방법으로 10+2부터 10+10까지 익힙니다. 10+0도 빼먹으면 안 돼요! 또한 더 자세히 가르치려면, 1 카드로 10 카드의 0을 가려줌으로써 10으로 묶고 남는 것을 0 대신 쓴다는 사실을 알려 주면 좋습니다.

다음 쪽의 표를 보면 세 번째 칸이 비어 있어요. 여기에 아이가 올바른 수식을 채워 보게 하세요. 이 공부를 제대로 하면, 이후에 만나게 될 더 큰 수들도 쉽게 이해할 수 있는 토대를 마련한 셈입니다.

●●●●●●●●●●	10 0	10+0	10
●●●●●●●●●● ●	10 1	10+1	11
●●●●●●●●●● ●●	10 2	10+2	12
●●●●●●●●●● ●●●	10 3		13
●●●●●●●●●● ●●●●	10 4		14
●●●●●●●●●● ●●●●●	10 5		15
●●●●●●●●●● ●●●●●●	10 6		16
●●●●●●●●●● ●●●●●●●	10 7		17
●●●●●●●●●● ●●●●●●●●	10 8		18
●●●●●●●●●● ●●●●●●●●●	10 9		19
●●●●●●●●●● ●●●●●●●●●●	10 10	10+10	20

10을 이용해 20까지 인지하기

단추와 레고와 카드를 이용한 앞의 놀이를 충분히 했다면, 이제 손으로 숫자를 쓰도록 해 주세요. 우리가 이미 알고 있는 10을 이용해 11부터 20까지 익히는 문제예요. 다음은 11을 예시로 든 문제입니다.

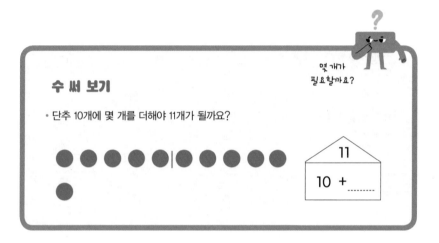

이 문제를 통해 아이는 11이 10보다 1 많은 수라는 걸 완벽하게 인지합니다. 같은 방식으로 10+2부터 10+10까지 문제를 내주세요.

여기까지 아이가 잘 따라왔다면, 거꾸로 가는 과정이 필요합니다. 즉, 1~10과 11~20을 비교하는 활동을 하는 거죠. 10씩 차이가 나는 숫자들을 보여 줌으로써 한 숫자에서 10이 늘어나면 어떻게 되는지를 알 수 있게 하는 겁니다.

다음의 문제는 1과 11을 비교하는 문제입니다. 동그라미를 종이에 그려도 되고, 만질 수 있는 단추를 사용해도 좋습니다.

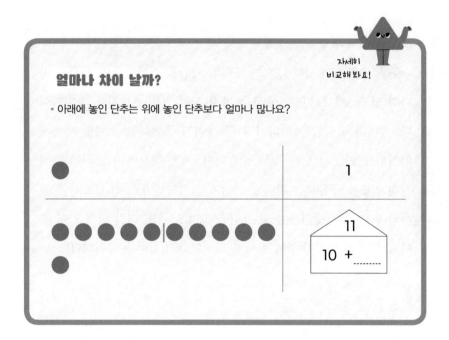

1과 11을 비교하며 "11은 1보다 얼마큼 많아?"라고 질문하세요. 아이 입에서 "11은 1보다 10 많아!"라고 대답이 나오고, 그걸 직접 손으로 적게 유도하세요. 이런 식으로 1과 11부터 10과 20까지 전부 비교를 마칩니다.

11부터 20까지
크기 비교하기 놀이

그 다음 단계는 1부터 20까지의 크기 비교입니다. 11부터 20까지의 수를 다 익혔다 해도, 정작 11과 14, 14와 15의 차이를 인지하는 건 힘듭니다. 따라서 1부터 20까지 쭉 늘어놓고, 서로 어떤 관계인지 보도록 합니다.

　독일 수학 교과서에 나오는 주사위 게임을 소개할게요. 주사위 하나와 말 두 개, 그리고 1에서 20까지 쓰여 있는 보드판을 준비합니다. 재미와 몰입감을 더하기 위해 아이가 좋아하는 소재를 사용해 이야기를 만들어 보는 것도 좋습니다. 저는 작은아이를 위해 성에 갇힌 공주를 구출하는 왕자님 이야기를 지어냈어요. 빈 보드판에 아이와 함께 직접 숫자를 쓰고 그림을 그려 보세요. 더할 나위 없이 좋아요. 엄마와 아이가 함께 문제를 그리면 몰입감이 높아집니다!

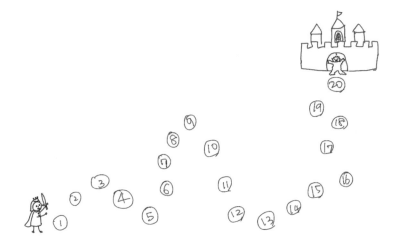

　주사위를 던져 나오는 수만큼 말을 이동합니다. 이때 보드판 위의 숫자를 말하면서 말을 이동합니다. 예를 들어 말이 3에 있는데 주사위를 던져 5가 나왔다면, 말을 4, 5, 6, 7, 8까지 차례로 옮기며 숫자를 입으로 직접 말합니다. 그 후에는 "3에서 5칸을 갔더니 8에 도착했어!"라고 다시 말합니다. 먼저 20에 도착하는 사람이 승리하는 게

임이에요.

여기까지 했다면 20까지의 숫자 인지는 끝입니다!

더해서 20

20까지의 숫자를 10을 기준으로 설명할 수 있고(11은 10묶음이 1개에 1이 1개인 수), 20까지의 수의 순서도 잘 알고 있다면, 이제는 더해서 20이 되는 숫자 조합을 배울 차례입니다.

사탕 뺏기 놀이

문제를 풀기 전에, 아이가 좋아하는 간식으로 놀이를 해 보세요. 일명 '사탕 뺏기 놀이'입니다.

쟁반, 사탕 20개, 접시 두 개를 준비합니다. 식탁이나 책상 가운데에 쟁반을 두고 그 위에 사탕 20개를 올려두세요. 함께 사탕의 수를 세며 20개라는 사실을 인지합니다. 접시는 아이와 엄마가 하나씩 나눠 가진 후 준비, 땅 하면 아이와 엄마는 정해진 시간 동안(5초 정도)

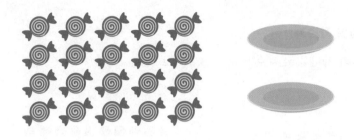

쟁반에 있는 사탕을 최대한 많이 자기 접시에 담습니다.

시간이 경과하면, 본인의 접시에 사탕이 몇 개 있는지 세어 본 후 종이에 그 수를 씁니다. 아이가 쓴 수와 엄마가 쓴 수를 함께 두고, 같이 읽으면서 누가 더 많이 접시에 담았는지 확인합니다. 많이 담은 사람이 승리!

아이는 두 접시에 담긴 사탕의 수를 합치면 20이 된다는 사실을 이미 알고 있어요. 그러니 이 놀이를 여러 번 하다 보면 '더해서 20'이 되는 여러 조합을 손으로 익힐 수 있습니다.

'더해서 10'을 이용해
'더해서 20' 익히기

놀이를 통해 더해서 20이 되는 값을 충분히 연습했다면, 이제 본격적으로 더해서 20이 되는 조합을 써 볼 차례입니다. 이 역시 '더해서 10이 되는 조합'을 이용하면 됩니다.

동그라미 가르기

• 동그라미를 어떻게 나눴는지 오른쪽에 숫자로 적어 보세요!

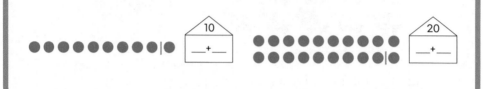

　　'더해서 10' 조합과 '더해서 20' 조합이 나란히 놓인 문제예요. 왼쪽 문제를 먼저 풀고, 오른쪽 문제를 풀게 하세요. 아이는 '더해서 10'을 이미 배웠기 때문에 아주 쉽게 왼쪽 문제의 답인 9+1을 적을 거예요. 그런 다음, 19개에 1개가 더해져서 20개가 되는 오른쪽 문제를 풀게 하세요. 앞에서 11은 1보다 항상 10이 큰 수라고 반복적으로 배웠기 때문에, 아이는 '더해서 10'이 되는 조합보다 '더해서 20'이 되는 조합이 항상 10만큼 크다는 사실을 쉽게 발견할 것입니다. 이런 식으로 18+2부터 10+10까지 가르쳐 줍니다.

　　이렇게 그림으로 충분히 연습한 후, 숫자로만 풀어 보는 연습을 시키세요. 역시나 '더해서 10'이 되는 조합을 먼저 풀어 보게 함으로써 '더해서 20'을 더 쉽게 익히게 하세요.

　　다음 쪽의 집 모양 상자를 이용한 문제 유형이 연습에 도움이 될 거예요. 세 번째 문제와 네 번째 문제는 아이가 왼쪽의 '더해서 10' 조합을 이용해 오른쪽에 숫자를 쓰게 유도하는 유형이에요. 3+7을 이용하면, 오른쪽에 13+7 혹은 3+17이 둘 다 올 수 있다는 사실을 깨치게 하면 좋습니다. 예시 문제뿐만 아니라 다양한 조합의 문제를 내주고, 직접 문제를 만드는 것으로 마무리하세요.

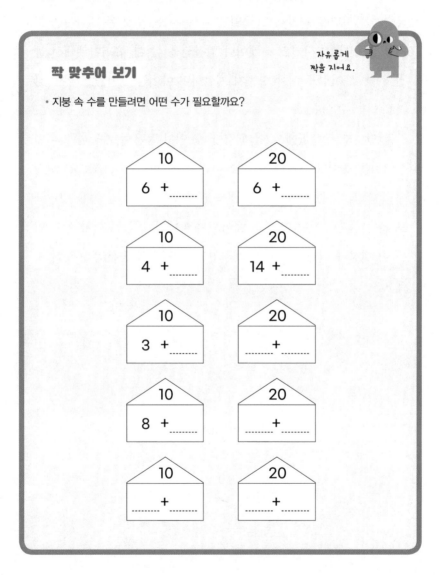

짝 맞추어 보기

자유롭게
짝을 지어요.

• 지붕 속 수를 만들려면 어떤 수가 필요할까요?

10	20
6 + _____	6 + _____

10	20
4 + _____	14 + _____

10	20
3 + _____	_____ + _____

10	20
8 + _____	_____ + _____

10	20
_____ + _____	_____ + _____

실생활 속 '더해서 20'

앞에서 배운 내용을 일상에서 실제로 접하기 쉬운 소재와 상황으로 복습하는 시간을 가지세요. 독일 교과서에서는 주로 돈 계산하는 문제를 많이 내요. 서커스 티켓이나 입장권을 살 때, 슈퍼마켓에서 물건을 살 때 어떻게 해야 하는지 계산하며 아이들이 자연스레 수 감각을 익힐 수 있죠.

돈 말고도 실생활에서 쉽게 접할 수 있고 응용이 가능한 것이면 무엇이든 좋아요. 간식이나 먹을거리 혹은 장난감도 좋고요, 책장에 꽂힌 책의 수를 세게 하는 것도 괜찮아요. 구슬, 끈 등을 이용해도 좋습니다. 수학이 먼 나라 이야기가 아니라, 지금 우리가 살고 있는 이 세상과 밀접하게 관계되어 있고 꼭 필요한 공부임을 알려 주세요.

등호의 뜻과 쓰임을 배워 보자

덧셈의 개념을 완벽하게 익혔으니, 이제서야 완성된 식의 형태로 덧셈을 배울 수 있게 되었어요! 더해서 20이 되는 조합까지는 등호(=)를 사용하지 않았습니다. 이제 기존에 배운 덧셈 개념에 등호를 추가하여 비로소 완성된 덧셈식을 인지하도록 합니다.

등호는 등호를 기준으로 좌우가 같다는 뜻입니다. 그런데 잘못된 연산 학습으로 인해 등호를 어떤 문제에 대한 답을 요구하는 '물음표'와 같은 역할로 배우면 어떻게 될까요? 문장제 문제를 읽고 식을 세우는 것도 힘들어하고, 나아가 중학교에 진학해 방정식을 배울 때도 힘들어집니다. 그래서 독일에서는 등호와 더하기를 뭉뚱그려 가르치지 않고 시간차를 두고 가르칩니다. 각각의 의미를 확실히 익히도록 하기 위해서죠.

놀이터 놀이

아이와 그림을 그리고 밑에 수식을 쓰며 등호를 인지합니다. 독일 교과서에서는 놀이터에 친구가 놀러왔다는 이야기를 통해 등호를 배우도록 구성되어 있어요. "친구 2명이서 모래놀이를 하고 있는데, 3명이 더 왔어. 모두 5명이 되었네. 2 더하기 3은 5와 같아."와 같이 말로 아이가 표현하도록 안내하고 있습니다.

꼭 놀이터일 필요는 없어요. 아이가 좋아하는 상황이나 소재를 사용해 아이가 직접 언어로 표현할 수 있도록 도와주면 돼요. 저는 이 단계에서도 '요정'을 소재로 하여 등호의 개념을 설명했습니다.

$$3 + 5 = 8$$

"분홍나라 요정 3명이 파티장에 도착했는데, 보라나라 요정 5명이 파티장에 도착했잖아? 모두 8명이 됐어. 3 더하기 5는 8과 같아."

등호는 물음표, 은, 는이 아니다

놀이를 통해 "~와 같아."라는 표현을 들었어도, 여전히 아이들은 등호를 답을 찾는 기호로 생각할 가능성이 있습니다. 그래서 필요한 게 식을 자유롭게 바꿔 가며 쓰는 연습입니다.

넓은 종이를 준비하고, 왼쪽 상단에 큼직하게 '5 ='라고 씁니다. 그런 다음 아이에게 질문을 던지세요.

"더해서 5가 되는 숫자들이 무엇이 있었지?"

아이는 더해서 5가 되는 수의 조합을 자유롭게 이야기할 거예요. 그것들을 엄마가 종이에 써 줍니다. 글쓰기를 좋아하는 아이라면 아이가 직접 쓰도록 지도해도 좋고요. 아이가 모두 이야기했다고 하면, 함께 쓴 것을 보면서 등호의 개념을 엄마가 말로 정리합니다.

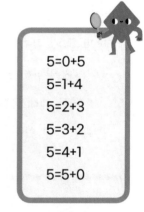

5=0+5
5=1+4
5=2+3
5=3+2
5=4+1
5=5+0

"와! 너무 잘 알고 있구나! 맞아. 1+4도 5가 되고, 2+3도 5가 되네. 그러니까 =모양은, 왼쪽과 오른쪽이 같다는 뜻이야.

'더해서 5' 개념을 이용해 등호의 성질을 설명했다면, 그 다음으로는 등호가 답을 찾는 기호가 아닌 '같다'라는 뜻임을 이해하도록 도울 차례예요. 앞서 꼭 더하기 기호가 왼쪽에 와야 하는 것은 아니고 오른쪽에 와도 괜찮다는 걸 식을 통해 보여 줬지만, 그럼에도 학교나 문제집에서 □+□=□의 형식에 계속 노출되면 또 등호의 의미를

'은', '는'으로 인식하기 쉽죠.

종이를 준비하고, 같은 식을 바꿔서 쓰는 연습을 시키세요. 양쪽이 같다는 등호의 의미를 잘 숙지시키기 위해 더하기 기호가 어디에 위치해도 상관이 없다는 걸 알려 주는 거예요. 오른쪽의 박스와 같이 쓰도록 지도하세요. 아이가 이해하지 못하면 엄마가 먼저 쓰면서 설명해 주세요.

"3 더하기 5는 8과 같지? (3+5=8을 직접 종이에 쓰며) 그리고 8은 3 더하기 5와 같지? (8=3+5를 종이에 쓰며) 그러니까 등호는 왼쪽이랑 오른쪽이랑 똑같다는 뜻이야!"

3+5=8
8=3+5
10+4=14
14=10+4
10+8=18
18=10+8

이렇게 열심히 설명하고 손으로도 쓰게 했는데, 과연 아이가 등호의 의미를 제대로 이해했을까요? 다음의 사탕 담는 문제를 풀게 하면 확인할 수 있어요.

사탕 넣기

냠냠
맛있겠다.

• 사탕 상자에 2가지 맛 사탕을 담아 보세요! 단, 정해진 수만큼만 담아야 해요.

7 = _____ + _____

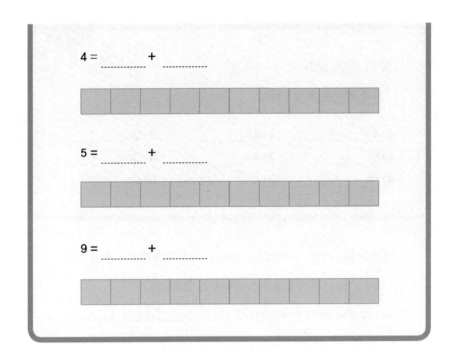

뭔가 규칙이 있다?

등호를 알게 되면서 이제는 완전한 수식 형태의 덧셈 문제를 풀 준비를 마쳤습니다. 이미 앞 단계에서 배운 '10 이하의 덧셈' 문제에 등호만 추가해 제시하면 돼요. 이때 세 개의 식을 하나의 세트로 만들어 주세요.

　이 문제들을 풀면서 다음과 같은 질문을 아이에게 던져서 아이 스스로 생각할 기회를 주세요. 단순히 계산하는 법을 익히고 끝나는 것이 아니라, 처음 배울 때부터 덧셈 연산에 대한 이해를 높이고 아이의 생각을 넓혀 주세요.

덧셈 풀어 보기

• 다음의 덧셈식을 풀어 보세요!

4+4= _____	1+4= _____	3+2= _____
4+5= _____	2+4= _____	4+3= _____
4+6= _____	3+4= _____	5+4= _____

이야, 재밌겠다!

"(첫 번째 문제 세트를 푸는 아이에게) 앞의 수는 그대로인데, 뒤의 수가 1씩 커지네. 그럼 밑줄에 들어갈 수는 어떻게 달라질까?"

"(두 번째 문제 세트를 푸는 아이에게) 뒤의 수는 그대로인데, 앞의 수가 1씩 커지고 있어! 밑줄에 들어갈 수가 어떻게 달라져?"

"(세 번째 문제 세트를 푸는 아이에게) 앞의 수랑 뒤의 수랑 똑같이 1이 커지네. 그럼 밑줄에 들어갈 수는 어떻게 변할까?

이 문제를 통해서 덧셈 수식의 중요한 특징 중의 하나를 인지할 수 있습니다. 바로 덧셈 기호로 연결된 두 수가 커지면 커진 만큼 등호 오른쪽의 값이 커지고, 작아지면 작아진 만큼 등호 오른쪽의 값이 작아진다는 사실이지요.

심화를 진행할 때 이 원리를 알아야 풀 수 있는 문제들이 나와요. 그런데 이 원리를 심화를 풀면서 이해하려고 들면 너무 어렵습니다. 이렇게 쉬운 문제를 통해서 반복적으로 덧셈의 중요한 특징을 학습해 나가면, 이후에 어려운 응용 심화를 풀 때 큰 도움이 돼요.

덧셈의 교환법칙 익히기

사실 교환법칙은 10 이하의 덧셈을 배우며 이미 경험한 부분입니다. 그때는 수를 이루는 여러 조합에 대한 이해가 주된 목적이었다면, 이 단계에서는 덧셈 수식이 가지는 특징을 익히는 게 주 목적입니다. 아이가 좋아하는 간식을 예로 설명하면 더 쉽습니다.

> "어제 엄마가 너한테 초콜릿을 7개 줬어. 그런데 아빠가 너한테 1개를 또 줬네. 너는 초콜릿을 모두 몇 개 받았어? (아이가 답을 하면) 7 더하기 1은 8와 같아.
> 오늘은 엄마가 초콜릿을 1개만 줬어. 그런데 아빠가 7개를 또 줬네. 너는 초콜릿을 모두 몇 개 받았어? (아이가 답을 하면) 1 더하기 7은 8과 같아.
> 앗, 그러면 어제도 오늘도 초콜릿을 8개 받았구나!"

이 이야기를 통해 아이가 1+7과 7+1이 같은 말임을 깨달았다면, 색깔이 다른 동그라미 문제를 풀게 하세요. 다음 쪽의 문제를 보면, 빨간 동그라미와 초록 동그라미를 더하게 합니다. 빨간 동그라미에 초록 동그라미를 더하든, 초록 동그라미에 빨간 동그라미를 더하든 답은 달라지지 않죠. 그 과정을 직접 수식으로 적는 연습을 하며, 등호의 개념과 덧셈의 교환법칙을 확실히 깨달을 수 있어요.

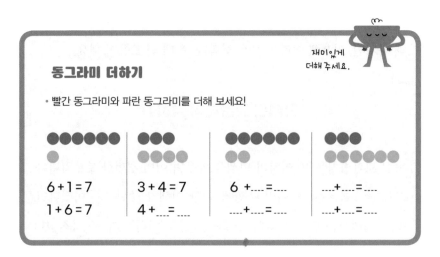

동그라미 더하기

• 빨간 동그라미와 파란 동그라미를 더해 보세요!

재미있게
더해 주세요.

$6 + 1 = 7$ $3 + 4 = 7$ $6 + \_\_\_ = \_\_\_$ $\_\_\_ + \_\_\_ = \_\_\_$

$1 + 6 = 7$ $4 + \_\_\_ = \_\_\_$ $\_\_\_ + \_\_\_ = \_\_\_$ $\_\_\_ + \_\_\_ = \_\_\_$

이제 동그라미 그림 없이 수식으로만 문제를 해결할 차례예요. 마지막 문제는 직접 교환법칙을 적용한 식을 적는 문제로, 아이가 직접 수를 선택해 자유롭게 문제를 만들게 하세요.

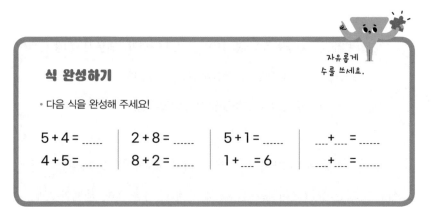

식 완성하기

• 다음 식을 완성해 주세요!

자유롭게
수를 쓰세요.

$5 + 4 = \_\_\_\_$ $2 + 8 = \_\_\_\_$ $5 + 1 = \_\_\_\_$ $\_\_\_ + \_\_\_ = \_\_\_\_$

$4 + 5 = \_\_\_\_$ $8 + 2 = \_\_\_\_$ $1 + \_\_\_ = 6$ $\_\_\_ + \_\_\_ = \_\_\_\_$

지금까지 10을 기준으로 수를 파악하는 법, 그리고 덧셈과 등호의 개념을 배웠습니다. 또한 수와 연산 기호가 관계도 파악했고요. 이제 10보다 큰 수를 연산하는 법을 배우기 위한 발판을 마련했어요.

3장

10을 이용한
덧셈과 뺄셈 배우기

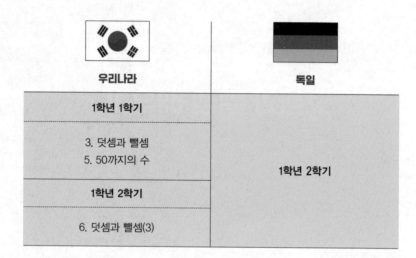

우리나라	독일
1학년 1학기	
3. 덧셈과 뺄셈 5. 50까지의 수	**1학년 2학기**
1학년 2학기	
6. 덧셈과 뺄셈(3)	

이 단계의 목표는 10을 이용한 덧셈과 뺄셈 계산법을 익히고, 덧셈과 뺄셈의 관계를 이해하는 것입니다. 덧셈과 뺄셈의 개념을 더 넓고 깊게 다질 거예요. 따라서 이 단계 전에 20까지의 수의 절대적인 의미와 상대적인 의미를 잘 알고 있어야 하고, 수를 5와 10을 기준으로 해석할 수 있어야 해요. 앞의 과정을 충실히 했다면 문제 없겠죠?

수학에 조금 더 진지하게 접근하지만, 여전히 흥미가 가장 중요한 단계입니다. 따라서 이전 단계에서와 마찬가지로 아이가 좋아할 만한 상황이나 소재로 흥미를 유발하고, 그 다음 더 어려운 문제들을 해결해 나가며 덧셈과 뺄셈 연산에 대한 성취감을 가지도록 도와주세요.

더해서 10보다 커지는 수 계산하기

자, 더해서 10보다 커지는 덧셈 계산을 연습할 차례입니다. 이후 배우는 덧셈 연산의 토대가 되는 중요한 개념이에요. 이 개념 위에서 온갖 자리 수를 넘나드는 덧셈이 이루어지기 때문에 완벽하게 알고 가야 해요.

그렇게 어렵지 않습니다. 이미 10을 기준으로 생각하는 연습이 되어 있으니까요. 한 자리 수에 10을 더하면 '십 몇'이 된다는 사실과, '더해서 10'이 되는 수의 조합을 알고 있죠.

이를 이미지로 표현해 보면 다음과 같아요.

4+10=14

$4+6=10$

이미 배웠던 익숙한 개념들이죠? 이처럼 10을 기준으로 생각할 수 있는 아이에게 10을 기준으로 덧셈을 하는 방법을 알려 주는 건 어렵지 않아요.

이 단원에서는 이 개념들을 범주화하여 명확하게 정의함으로써 10을 이용해 계산하는 방법을 익힙니다. 그러면 아무리 연산이 복잡해져도 단순하게 만들 수 있죠. 10을 넘어서 100과 1000, 그리고 그 이상의 수를 자유자재로 넘나들 수 있는 초석을 쌓아 봅시다!

손가락 계산 놀이

간단한 놀이로 워밍업을 해 봅시다. 7+5와 같이, 자리 수가 갑자기 넘어가는 덧셈 문제를 처음 본 아이의 감정을 상상해 본 적 있나요? 손가락 10개를 다 펴서 더 이상 쓸 손가락이 없을 때 아이가 짓는 당혹감 서린 표정을 알고 있나요? 손가락으로 계산이 불가능한 어려운 문제를 대뜸 '풀어 보라'라고 강요당하면 아이들은 당황하고 좌절할 수밖에 없어요. 그럴 때 부모의 손가락이 필요합니다.

어떤 부모들은 아이가 손가락 연산을 하면 꾸짖는데, 저는 오히려 손가락 연산을 권해요. 손가락은 연산 연습에 있어 아주 훌륭한 도구입니다. 10진법이 생긴 이유도 사람의 손가락이 10개이기 때문이라는 설이 유력하죠. 손가락이 있으면 언제 어디서든 연산을 시각화할 수 있어요. 부모의 손가락을 함께 펼쳐 설명해 주세요. 처음 보는 두 자리 수 수식이 사실은 그렇게 어렵지 않다는 것을 알게 하는 놀이예요.

7+5의 답을 구할 때, 아이에게 손가락 7개를 펴게 하고 엄마는 손가락 5개를 펴세요. 그런 다음 펼친 손을 아이의 손 옆에 둡니다. (이때 묶어서 10을 만들 수 있도록 아이가 손가락 5개를 펼친 손 옆에 놓아 주세요.) 그런 다음 세어 보게 하세요.

아이는 자신의 손가락 5개와 엄마의 손가락 5개를 합치면 10개인걸 알고, 자연스레 남은 손가락 2개를 보며 쉽게 12라고 답해요. 저희 아이는 '마법 같다'라는 표현을 쓰더라고요.

이런 식으로 만질 수 있는 도구를 이용해 자리 수가 넘어가는 문제들을 함께 해결하면, 아이는 자신감을 가지고 문제를 대할 수 있어요.

(몇)+(몇)=(십 몇)계산하기

손가락 계산 놀이에서, 손가락 5개를 펼친 두 손으로 10을 만들었지요? 이것이 10을 이용해 (몇)+(몇)=(십 몇)을 계산하는 첫걸음이었어요. 문제를 통해 계산해 봅시다.

10을 이용해 (몇)+(몇)=(십 몇)을 계산하는 데는 두 가지 전략이 있습니다.

첫 번째는 한 수를 가르기 하여 다른 한 수를 10으로 만드는 계산입니다. 이를 앞으로 '=10'이라고 부를게요. 예를 들어 7+5를 계산할 때, 7을 10으로 만들기 위해 5를 3과 2로 갈라 3은 7에 더해 주고 남은 2를 10에 더하는 거죠.

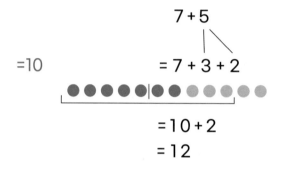

$$7+5$$
$$=10$$
$$= 7 + 3 + 2$$
$$=10+2$$
$$=12$$

두 번째는 9+□를 계산하는 전략이에요. 독일에서는 9를 다룰 때, 많은 경우에 10보다 1 작은 수로 인식해요. 이를 앞으로 'with 10'이라고 부를게요. 곱셈과 나눗셈 계산에서도 9를 '10보다 1 작은 수'로 보고 계산하도록 훈련할 거예요. with 10으로 7+9를 계산한다면, 7+(10보다 1 작은 수)로 해석해서 계산합니다. 그러면 7과 10을 더한 후 그것보다 1 작은 수를 답으로 쓰거나, 7이 1만큼 작아지고 거기에 10을 더한 값을 구하면 되겠지요.

$$7+9$$
$$=7+10보다 1 작은 수$$

with 10

$$=6+10$$
10보다 1 작은 수
$$=16$$

우선 첫 번째, =10 방법을 사용해 다음 문제를 풀게 하세요. 처음에는 수식으로 계산하지 말고 반드시 동그라미 그림을 그려서 계산하도록 지도하세요. 그림을 통해 수식을 잘 이해했다면, 동일한 문제를 수식으로 계산해 보도록 합니다. 만약 동그라미 그림으로도 이해하기 어려워한다면, 두 가지 다른 색의 단추나 레고 혹은 사탕 등 손으로 만질 수 있는 구체물을 이용해 아이가 먼저 시각적으로 충분히 덧셈을 이해할 수 있도록 도와주세요.

=10 방법으로 더해 보기

재미나게
풀어 보세요.

• 더해서 10보다 커지는 수! 어떻게 풀 수 있을까요?

7 + 3 = ...	8 + 2 = ...	6 + 4 = ...
7 + 4 = ...	8 + 3 = ...	6 + 5 = ...
7 + 5 = ...	8 + 4 = ...	6 + 6 = ...

왼쪽에 있는 첫 번째 문제 세트를 한번 살펴볼게요.

하나의 문제 세트에는 세 개의 식이 차례로 있습니다. 맨 위에 있는 식은 아래 두 식을 쉽게 풀도록 도와주는 어림의 역할을 해요. 7+3이 10이니 7+4는 7+3보다 1만큼 크다는 걸 아이가 알아채도록 이끌죠. 7+3을 풀기 위해, 두 가지 다른 색의 색연필로 각각 7개와 3개의 동그라미를 그립니다. (세모나 네모, 어떤 모양이든 상관없어요.) 이때 시각적으로 명확히 표시되도록 동그라미 5개마다 직선을 긋게 하세요. 동그라미를 그려 눈으로 확인하고, 문제의 답을 숫자로 적으며 7+3의 계산 결과를 재확인합니다.

● ● ● ● ● ●|● ● ● ● ●
$$7 + 3 = 10$$

그 다음, 7+4를 7+3과 비교하며 그립니다. 뒤의 수가 3에서 4로 커졌네요. 아이는 7+3을 그렸을 때보다 동그라미를 하나 더 그리게 됩니다. 몇 개가 되었는지 아이와 확인하고 답을 적게 하세요.

● ● ● ● ● ●|● ● ● ● ●|●
$$7 + 4 = 7 + 3 + 1 = 11$$

7+5도 동일한 과정으로 진행하면 돼요. 동그라미를 그리고, 동그라미의 개수를 확인하고, 답을 적습니다.

● ● ● ● ● ●|● ● ● ● ●|● ●
$$7 + 5 = 7 + 3 + 2 = 12$$

문제를 다 푼 뒤에는 아이와 세 개의 식을 비교하면서 어떤 차이점이 있는지 함께 이야기를 나눕니다. 앞의 수는 변하지 않는 상태에서 뒤의 수가 변하니 답도 달라진다는 사실을 아이가 깨닫게 해 주세요.

아이나 엄마에게 너무 쉬운데, 꼭 그림을 그리고 식을 써야 할까요? 네, 꼭 그렇게 지도해야 해요. 뇌는 여러 감각을 이용해 학습한 것들을 더 잘 기억합니다. 눈으로 보기만 하거나 숫자와 식을 통해 추상적으로만 익힌 것들은 금방 머릿속에서 빠져나갑니다. 이 단계에서는 문제를 빨리 푸는 것보다 10을 이용해서 계산하는 법을 시각적으로 명확하게 확인하는 작업이 훨씬 더 중요해요. 시각적 인지 단계를 잘 거쳐야 뇌가 정확히 이해하고 이후 복잡한 곱셈이나 나눗셈에서 필요한 수많은 덧셈과 뺄셈 암산이 가능합니다. 암산이 안 돼서 허둥지둥하는 아이로 만들지 않으려면 꼼꼼히 짚고 넘어가야 합니다.

이번에는 두 번째 방법, with 10으로 다음 문제를 아이와 함께 풀어 봅니다. 마찬가지로 그림을 그리거나, 단추나 레고로 10을 만드는 방법으로 먼저 문제를 푼 다음 손으로 쓰게 지도하세요.

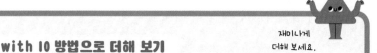

with 10 방법으로 더해 보기

재이나게
더해 보세요.

• 더해서 10보다 커지는 수 어떻게 풀 수 있을까요?

2 + 9 = ...	3 + 9 = ...	4 + 9 = ...
5 + 9 = ...	6 + 9 = ...	7 + 9 = ...
8 + 9 = ...	9 + 9 = ...	10 + 9 = ...

문제를 그림을 그려 가며 푸는 예를 보여 드릴게요. 이 문제에서는 9를 10보다 1 작은 수로 보는 것이 핵심이에요.

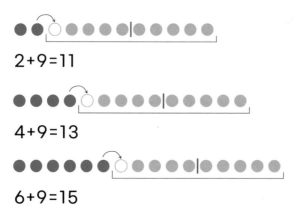

$$2+9=11$$

$$4+9=13$$

$$6+9=15$$

다 푼 후, 문제 세트에서 문제와 답의 규칙성을 발견하게 하세요. 앞의 수가 얼마나 커졌고 답은 얼마나 커졌는지 아이가 직접 이야기 하게 하세요. 이때 아이가 외우고 있는 답이 아니라 '자신의 언어'로 재해석해 답할 수 있는지 봐 주세요.

차근차근, (십 몇)+(몇)=(십 몇)계산하기

이제 수의 범위를 확장해 볼까요?

먼저 5와 10에 같은 수를 더한 경우를 비교해 보며 (십 몇)+(몇)을 살펴봅니다. 이때 10을 5+5로 생각하도록 하는 게 핵심이에요.

첫 번째 문제 세트를 예시로 설명할게요. 아이는 이미 5+1과 5+6을 풀 줄 알고 답도 알아요. 그런 상태에서 10+1을 풀기 위해 10을 5+5로 가르면, 문제를 5+5+1로 바꿀 수 있습니다. 10+1이 사실은 5+1에 5를 더한 것과 같고 5+6과 10+1의 답이 같다는 걸 알게 돼요.

이렇게 여러 수들의 관계를 이렇게도 보고 저렇게도 보면서 아이의
수 감각이 예리해집니다.

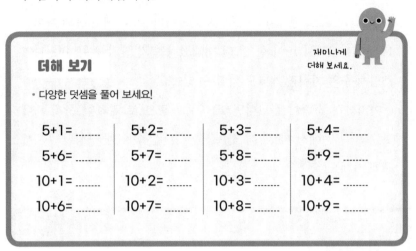

더해 보기

재미나게
더해 보세요.

• 다양한 덧셈을 풀어 보세요!

5+1 = _____   5+2 = _____   5+3 = _____   5+4 = _____

5+6 = _____   5+7 = _____   5+8 = _____   5+9 = _____

10+1 = _____   10+2 = _____   10+3 = _____   10+4 = _____

10+6 = _____   10+7 = _____   10+8 = _____   10+9 = _____

그 다음으로 (십 몇)+(몇)이 (몇)+(몇)보다 10이 더해진 것일 뿐
임을 직관적으로 알 수 있게 돕는 문제를 풀게 하세요.

더해 보기

재미나게
더해 보세요.

• 다양한 덧셈을 풀어 보세요!

4+3 = _____   10+4+3 = _____   4+2 = _____   4+2+10 = _____

5+3 = _____   10+5+3 = _____   5+2 = _____   5+2+10 = _____

6+3 = _____   10+6+3 = _____   6+2 = _____   6+2+10 = _____

갑자기 14+3 같은 문제를 접하면 커진 수에 아이가 당황할 수 있습니다. 그래서 10+4+3으로 분해해서, 이미 알고 있는 10 그리고 4+3을 기준으로 생각할 수 있게 도와줍니다. 이 문제를 통해 아이는 14+3이 4+3에서 10이 한 번 더 더해졌다는 것을 알게 됩니다. 자연스럽게 수의 자릿값 개념도 익힐 수 있어요.

여기까지 훈련이 끝났다면 10+(몇)+(몇)으로 분해한 문제를 빼고, (몇)+(몇)에서 바로 (십 몇)+(몇)으로 갈 수 있게 구성된 문제를 풀게 하세요.

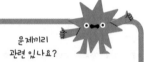

더해 보기

• 다양한 덧셈을 풀어 보세요!

| 5 + 4 = _____ | 7 + 2 = _____ | 8 + 2 = _____ | 3 + 0 = _____ |
| 15 + 4 = _____ | 17 + 2 = _____ | 18 + 2 = _____ | 13 + 0 = _____ |

| 3 + 4 = _____ | 5 + 2 = _____ | 0 + 4 = _____ | 2 + 4 = _____ |
| 13 + 4 = _____ | 15 + 2 = _____ | 0 + 14 = _____ | 2 + 14 = _____ |

문제끼리
관련 있나요?

10을 이용한 덧셈의 기초를 쌓아 봤어요. 아이는 이 문제들을 풀면서 쉽다고 느낄 거예요. 그게 바로 목표한 바입니다! 문제는 쉽게, 개념은 깊게 파고드는 것. 아이가 이 과정을 잘 수행한다면 두 자리 수 덧셈이 매우 쉬워질 거예요.

사실 중요한 기본 개념은 다 다뤘어요. 이후에는 수의 범위만 커질 뿐이죠. 그렇다면 아이가 여기서 다룬 개념과 원리를 얼마나 잘 이해했는지 어떻게 알 수 있을까요?

스스로 문제를 만들어 보게 하세요. 특히 저희 아이들은 아이가 선생님이 되어 문제를 내고 부모가 학생이 되어 아이가 낸 문제를 풀어 보는 역할놀이를 즐거워했어요.

예를 들어 이렇게요!

"선생님이 문제를 낼게요. 풀어 보세요! 5+9는 어떻게 계산하면 좋을까요?"

"선생님! 너무 어려워요! 힌트를 주세요!"

"9를 어떻게 더하면 될지 잘 생각해 봐요!"

"아! 9를 10보다 1 작은 수로 보면 되는 거죠?"

"맞아요!"

"그럼 5에다 10보다 1 작은 수를 더하면… 답은 14!"

"잘했어요! 선생님이 스티커를 줄게요!"

가르치는 것이 최고의 공부라는 사실은 뇌과학적으로 이미 증명됐습니다. 중요한 개념은 적당히 모르는 척하며 아이가 설명하도록 이끌어 주세요. 일부러 답을 틀리게 써서 보여 주고 아이가 바르게 고칠 수 있는지도 확인할 수 있죠. 혹여 문제의 의도를 제대로 파악하지 못해 엉뚱한 문제를 내더라도 아이 앞에서는 열심히 풀고요,

이후 부모가 "선생님, 이 문제도 알려 주세요." 하고 질문하며 올바른 문제를 내 주는 식으로 아이에게 가르쳐 주면 됩니다. 아이의 메타인지가 쑥쑥 자랄 거예요!

뺄셈의 첫걸음

뺄셈은 20 이내 덧셈의 기본 개념을 충분히 익힌 다음 배우게 됩니다. 한국 교과 과정에서 9까지의 더하기를 배운 다음 9까지의 빼기를 배우는 것과 많이 다르죠.

뇌과학적으로 덧셈보다 뺄셈을 이해하는 것이 더 많은 사고 과정을 거칩니다. 시각적으로나 개념적으로나 더해 주는 것은 쉽게 이해되지만, 없어지거나 빌려주는 개념은 이해하기 다소 복잡합니다. 그렇기 때문에 아이들은 덧셈보다 뺄셈을 더 어려워해요.

이러한 이유로 독일에서는 덧셈과 뺄셈을 함께 배우지 않고, 충분히 덧셈 연습을 시킨 후 뺄셈을 가르칩니다. 아이가 두 개념을 한꺼번에 배우다 보면 어려운 개념인 뺄셈에 대해 부정적인 감정을 갖게 되고, 결국 뺄셈 공부를 외면하거나 소홀히 할 수 있기 때문이에요.

다행히 독일 교과서식 덧셈을 잘 익혔다면, 아이는 앞서 배운 '더해서 5', '더해서 10' 등 모으기와 가르기를 충분히 연습했기 때문에 일의 자리 뺄셈은 그렇게 어렵지 않을 겁니다.

재미있는 뺄셈 이야기 놀이

이번에도 아이가 푹 빠져 있는 것을 소재로 삼으세요. 붕어빵, 자동차, 공룡 등 무엇이든 좋아요. 큰아이의 경우, 독일어가 우선이었기에 소홀히 했던 뺄셈 복습을 위해 그림 싸움 놀이를 많이 했어요. 큰 종이 위에 서로 자기 편을 그리고 대포, 총, 화살 등 무기를 동원해 상대편 병사를 해치우는 놀이를 했어요. 이렇게 강렬한 경험은 뇌에 깊이 각인됩니다. 문제를 풀며 개념이 아리송할 때, 머릿속에 이미 했던 놀이 장면이 떠올라 문제를 해결할 수 있을 거예요. 한편 작은 아이에게는 요정나라 파티 주제를 다시 써먹었죠.

아이는 이미 20 이하의 수까지 알고 있지만, 뺄셈의 개념을 이해하는 것에 집중하기 위해 일단 수의 범위를 10 이하로 축소합니다. 또한 집 모양 상자를 활용해야 했던 덧셈 때와 달리, 이제는 바로 등호를 이용해 수식을 쓸 수 있어요.

아이가 뺄셈 상황을 직접 말하게 하세요. 스토리로 뺄셈 상황을 이해하면 추후 문장제 문제에서 식을 세우는 부분이 수월해져요. 부모님은 스토리를 명확하게 수

$$8 - 3 = 5$$

식으로 표현해 다시 말해 줍니다.

> "요정 8명이 있었는데, 3명이 집에 가서 5명이 남았어. (8-3=5 식을 쓰며)
> 8 빼기 3은 5와 같아."
> "앗, 케이크 5조각이 있는데 아무도 먹지 않았잖아? (5-0=5 식을 쓰며)
> 5빼기 0은 5와 같아."

(몇)-(몇)=(몇) 문제 풀기

놀이를 통해 아이가 뺄셈의 개념을 어느 정도 머리에 담았다면, '빼
다'의 의미를 시각적으로 확인하는 기회를 갖게 하세요.

다음의 문제가 도움이 됩니다. 뺄셈을 그림으로 표현한 다음, 답
을 적게 지도하세요. 예를 들어 8-6 문제 옆에 있는 동그라미에 빗

동그라미를
지워요.

빼 보기

• 뺄셈식대로 동그라미에 빗금을 그어 보고, 답을 적으세요.

8 - 0 = _____ ●●●●●|●●●   8 - 6 = _____ ●●●●●●|●●

8 - 1 = _____ ●●●●●|●●●   8 - 7 = _____ ●●●●●●●|●

8 - 2 = _____ ●●●●●|●●●   8 - 8 = _____ ●●●●●●|●●

금 6개를 긋거나 빼는 표시를 하고, 남는 수를 직접 세어 보게 하는 거예요. 만약 어려워하면 사탕 등 구체물로 표현하게 하세요.

문제를 다 해결한 후, 답을 함께 살펴보며 빼는 수가 변함에 따라 답이 어떻게 변하는지 확인하세요. 빼는 수가 커진 만큼 답이 작아진다는 것을 알게 됩니다. 다시 말해 많이 뺄수록 남는 게 적어지는 거죠. 어른 입장에서는 당연하지만 아이에게는 큰 발견입니다!

자, 이제 동그라미를 빼고 수식으로만 문제를 풀게 하세요. 역시나 일정한 간격으로 답이 달라지는 문제 세트를 제시하고, 수의 변화에 따라 답이 어떻게 변하는지 확인해 봅니다.

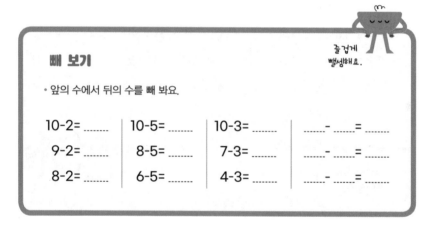

빼 보기

즐겁게
뺄셈해요.

• 앞의 수에서 뒤의 수를 빼 봐요.

10-2= _____	10-5= _____	10-3= _____	_____ - _____ = _____
9-2= _____	8-5= _____	7-3= _____	_____ - _____ = _____
8-2= _____	6-5= _____	4-3= _____	_____ - _____ = _____

문제 세트에서 가장 위에 제시된, 10에서 어떤 수를 빼는 것은 아래 두 식을 해결하기 위한 어림식의 역할을 합니다. 가장 익숙하고 잘 알고 있는 '더해서 10' 조합을 떠올려 먼저 답을 내고, 이를 바탕으로 남은 두 식을 해결할 수 있죠. 9-2는 위에서 푼 10-2를 기준으

로, 앞의 수가 1 작아졌을 때 답이 어떻게 되는지 생각해 보는 거예요.

마지막은 아이가 스스로 식을 만들어 풀어 보도록 하세요. 맨 위에는 10에서 어떤 수를 빼는 식이 와야 할 것이고, 그 아래 수는 10을 기준으로 일정한 수만큼 작아지고, 뒤의 수는 동일해야겠죠?

아이는 딱 이해한 만큼 문제로 녹여 낼 수 있어요. 처음에는 문제의 의도나 패턴을 파악하지 못할 수도 있어요. 수식들의 관계를 설명해 주세요. 앞서 해 본 선생님 역할놀이를 하는 것도 좋아요.

단순한 (십 몇)−(몇) 문제 풀며 감 익히기

10 이하의 수를 계산해 보며 뺄셈의 개념을 익혔다면, 이제 수의 범위를 20까지 확장하세요. 우선 받아내림이 없는 다양한 뺄셈과 비교하는 과정을 거쳐야 해요.

첫 번째, (몇)−(몇)과 (십 몇)−(몇)을 비교하는 문제입니다.

즐겁게
뺄셈해요.

빼 보기

• 앞의 수에서 뒤의 수를 빼 봐요.

9-4=	7-3=	8-5=	...... - ...... = ...
19-4=	17-3=	18-5=	...... - ...... = ...

이 문제들 역시, 그림을 그리거나 블록으로 만져 손과 눈으로 계산 과정을 직접 확인한 후 답을 적게 하세요.

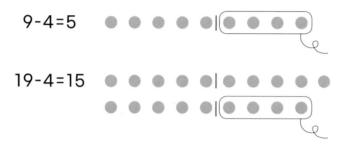

$$9-4=5$$

$$19-4=15$$

1번 문제 세트를 푸는 과정을 예로 들어 설명하겠습니다.

9-4=5와 19-4=15를 나란히 놓아 비교하게 유도하고, 두 식의 차이를 이야기해 보세요. 그러면 아이는 눈으로 10만큼의 차이를 알게 됩니다. 아이가 충분히 이해했다면 답을 숫자로 직접 적도록 하세요.

마지막에는 문제를 직접 만들어, 10만큼의 차이가 나는 모든 경우의 수를 생각해 보도록 이끌어 주세요.

두 번째, (십 몇)-(몇)과 (몇)-(몇)을 비교하는 문제입니다. 18에서 13을 빼는 건 10을 한꺼번에 빼면 되기에 쉬운 작업이죠. 이 역시 구체물로 먼저 만들어 비교해 보고, 수식을 계산하고, 마지막에는 문제를 직접 만듭니다. 구체물로 비교하는 과정은 첫 번째 문제와 똑같으니 그대로 하면 됩니다.

빼 보기

• 앞의 수에서 뒤의 수를 빼 보요.

| 8 - 3 = _____ | 7 - 2 = _____ | 6 - 4 = _____ | _____ - _____ = _____ |
| 18-13= _____ | 17-12= _____ | 16-14= _____ | _____ - _____ = _____ |

마지막으로, 어림을 이용하는 문제를 풀게 해 주세요. 13-9는 어려워도 13-10은 쉽습니다. 13-10이라는 기준을 가지고 있다면, 그것보다 1만큼 덜 뺀 수 혹은 1만큼 더 뺀 수를 계산하는 것 역시 쉬워요.

다음의 문제 세트에서 빨간색 문제를 먼저 풀게 하세요. 그런 다

빼 보기

• 앞의 수에서 뒤의 수를 빼 보요.

13-9 =_____	15-9 =_____	17-9 =_____	19-9 =_____
13-10=_____	15-10=_____	17-10=_____	19-10=_____
13- 11=_____	15- 11=_____	17- 11=_____	19- 11=_____

12-1 =_____	14-3 =_____	16-5 =_____	18-7 =_____
12-2 =_____	14-4 =_____	16-6 =_____	18-8 =_____
12-3 =_____	14-5 =_____	16-7 =_____	18-9 =_____

음 위아래 문제를 계산하게 유도하세요. 단지 1만큼 차이나기 때문에 어림식 기준으로 해결 가능해요. 역시나 이해를 잘하지 못한다면 그림이나 구체물로 체험하게 해 주세요.

문제 세트에서 상단의 문제는 앞으로 배울 뺄셈 방법 중 'with 10'의 기초가 되는 문제고, 하단의 문제는 '=10'의 기초가 되는 문제입니다. 이 과정을 잘 연습해야 받아내림이 있는 뺄셈에서 암산을 할 수 있어요. 그러니 아이에게 그림이나 구체물로 체험할 수 있는 충분한 시간을 주세요. 지금 공을 들여 기초를 쌓으면, 이후 아이의 수학 학습 단계마다 빛을 발할 거예요.

10을 이용한 뺄셈

드디어 받아내림이 있는 뺄셈을 배울 차례입니다. 앞서 어림식을 통해 살짝 맛본 뺄셈 사고 과정을 체계화해야 하죠. 한국에서는 이 과정에서 세로식을 강조합니다. 즉 10의 자리에서 빌려와서(받아내림) 계산하는 방식으로 설명하지만, 독일에서는 가로식 그대로 계산하게 유도합니다. 덧셈과 마찬가지로 10을 이용하여 뺄셈을 할 수 있는 방법에 무엇이 있는지, 그리고 수의 특징에 따라 어떤 방법이 문제 해결에 더 효율적인지를 배웁니다.

(십 몇) −(몇)=(몇) 계산하기

10을 이용해 뺄셈을 할 수 있는 방법은 다음과 같습니다.

첫 번째는 뒤의 수를 가르기 하여 앞의 수를 10으로 만들고, 남은 수를 다시 빼서 답을 구하는 방법이에요. 16-9를 16-6-3으로 분해해서 앞의 두 수부터 계산해 10으로 만들고, 3을 마저 빼서 7이라는 답을 구합니다. 이를 역시나 '=10'이라 칭할게요. 더할 때 배워서 익숙하죠?

두 번째는 'with 10'입니다. 역시나 덧셈을 배울 때 아이가 살짝 맛본 적이 있어요. 9를 10보다 1 작은 수로 보고 계산하는 방법이에요. 16-9를 16-10+1으로 식을 만들고 차례대로 계산합니다.

아이들 입장에서는 이미 배운 적이 있는 프로세스예요. 처음에는 일일이 중간 과정을 써서 문제를 풀지만, 조금 익숙해지면 이 과정이 머릿속에서 자동적으로 일어나게 됩니다.

수가 커지면 10을 기준으로 한 계산이 세로셈보다 훨씬 빠르고 정확해집니다. 머릿속에서 10진법을 바탕으로 수를 생각하니 가로식을 본 그대로 문제를 풀 수 있어요. 수의 절대적인 의미뿐만 아니라 상대적인 의미를 파악할 수 있기 때문이죠. 다시 말해 5는 절대적으로 5지만 4보다는 1이 크고 6보다는 1이 작은 수라는 개념이 잡힌다는 뜻입니다.

다만 이렇게 가르치는 이유가 가로식 그대로 계산하는 스킬을 익힌다거나, 혹은 연산을 빠르고 정확하고 잘하기 위함만은 아니에요. 10진법이 앞으로 배울 수학의 토대이기 때문입니다. 10진법을 훈련하는 좋은 방법이 10진법을 계속 상기시키는 거예요. 그렇기에 10을 이용한 연산 문제를 서로 관련이 있는 2~3개 문제끼리 묶어 풀게 하는 것입니다. 독일 교과서에서 연산 문제가 거의 항상 2~3개의 문제가 함께 세트로 등장하는 이유입니다.

우선 '=10' 방법으로 다음 문제를 풀어 보게 하세요.

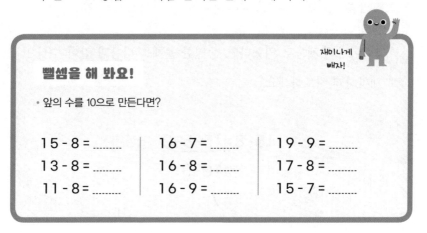

뺄셈을 해 봐요!

• 앞의 수를 10으로 만든다면?

15 - 8 = ...	16 - 7 = ...	19 - 9 = ...
13 - 8 = ...	16 - 8 = ...	17 - 8 = ...
11 - 8 = ...	16 - 9 = ...	15 - 7 = ...

덧셈과 마찬가지로 그림이나 구체물로 시각화하여 익힌 후, 동일한 문제를 과정식을 포함하는 수식으로 계산하게 지도하세요.

15-8을 그림 혹은 구체물을 이용해 계산하게 지도하는 방법이에요. 앞의 수를 10으로 만들기 위해 뒤의 수인 8을 어떻게 갈라야 하는지 생각하게 도와주세요. 8을 5와 3으로 가르고, 5부터 빼서 10으로 만들고, 다시 3을 빼서 답을 구하는 과정을 차분하게 도와주세요.

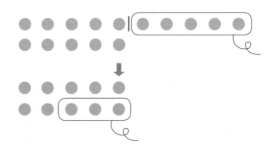

그림이나 구체물로 익혔다면, 동일한 문제를 다음과 같이 수식으로 계산하게 지도하세요.

$$15-8 = \underline{15-5}-3$$
$$=10-3$$
$$=7$$

또한 이번 문제 세트 역시 앞뒤 수가 변함에 따라 답이 어떻게 변하는지 아이에게 질문해 생각해 보도록 합니다.

이번에는 'with 10'으로 아래의 문제를 아이와 함께 풀어 봅니다. 핵심은 '9는 10보다 1 작은 수'라는 사실! 마찬가지로 단추 혹은 그림을 이용해서 모든 문제를 해결한 후 동일한 문제를 수식만으로 계

재미있게
배주세요.

뺄셈을 해 봐요!

• 뒤의 수를 10으로 만든다면?

19 - 9 = ...	15 - 9 = ...	12 - 9 = ...
18 - 9 = ...	13 - 9 = ...	14 - 9 = ...
17 - 9 = ...	11 - 9 = ...	16 - 9 = ...

산하게 지도하세요.

18-9를 어떻게 해결하게 지도할까요? 9 대신 10을 뺀 후, 1을 더해 주는 방식으로 지도하세요.

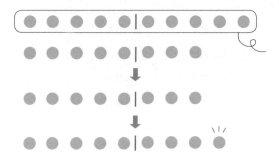

이를 수식으로 나타내면 아래와 같습니다.

$$18-9=18-10+1$$
$$=8+1$$
$$=9$$

여기까지 두 가지의 방법을 각각 배웠다면, 문제에 따라 계산하는 전략을 세우는 능력을 키워 줄 차례예요. 주어진 문제를 두고, 앞서 배운 두 가지 방법 중 더 효율적으로 보이는 방법을 선택해 계산하게 하세요. 마지막은 역시나 스스로 문제를 만들어 풀어 보게 하고요. 이를 위해 바둑알이나 사탕과 같은 구체물로 계산하면서 명확히 이해하고 수행할 수 있도록 도와주세요.

뺄셈을 해 봐요!

자유롭게
빼 보세요.

• 어떤 방법으로 빼는 게 효율적일까요?

14-7=	16-8=	11-5 = ...	...... - ...... = ...
15-9=	14-6=	12-4 = ...	...... - ...... = ...
15-8=	17-8=	18-9 = ...	...... - ...... = ...
13-7=	14-5=	16-9 = ...	...... - ...... = ...

이 단계에서는 특별히 식 간의 관계를 정성 들여 설명해 주길 바랍니다. 예를 들어 14-7과 15-9 식을 비교해 볼게요. 14는 15보다 1 작은 수고, 7은 9보다 2 작은 수네요. 뺄셈에서 앞의 수는 1 작아졌는데, 뒤의 수는 2 작아졌다면 답은 어떻게 변할까요? 이 부분을 아이가 생각해 보도록 해야 합니다. 아이가 상상하기 좋은 상황으로 설명해 주면 아이는 더 잘 이해합니다.

"어제는 사탕을 15개 받고 9개 먹었어. 그리고 오늘은 사탕을 어제보다 1개 적게 받았어. 그런데 네가 어제보다 2개 더 적게 먹은 거야. 1개를 적게 받았는데 2개를 적게 먹었으니까 답은 15-9보다 1만큼 큰 7이 되지."

이 과정들을 통해 뺄셈은 앞의 수가 커지면 커진 만큼 전체 값이 커지고, 뒤의 수가 커지면 커진 만큼 전체 값이 작아진다는 사실을 알 수 있습니다. 이 부분을 아이가 암기해 아는 것이 아니라, 자신의 언어로 본인이 이해한 바를 설명할 수 있어야 해요.

덧셈과 뺄셈의 관계를 알아보기

아이는 지금까지 더하기와 빼기를 배우고 여러 조합과 방법들을 익혔지만, 아직 아이의 머릿속에서 '덧셈'과 '뺄셈'의 개념 자체는 서로 분리되어 있어요. 이제 이 둘이 서로 관계가 있다는 것을 깨닫게 도와줘야 합니다. 바로 덧셈과 뺄셈의 역연산 관계를 익혀야 하는 거죠. 앞으로 아이가 배우게 될 복잡한 수학을 이해하기 위한 큰 진보가 이 단계에서 일어납니다.

재미있는 덧셈과 뺄셈 이야기

먼저 아이가 좋아할 만한 소재나 상황을 가지고 이야기 놀이를 하세요. 독일 교과서에서는 아이들이 좋아하는 농장 체험 사진으로 이 부분의 개념을 소개합니다. 저는 아이가 좋아하는 개미집을 소재로 아이와 함께 이야기를 만들었습니다.

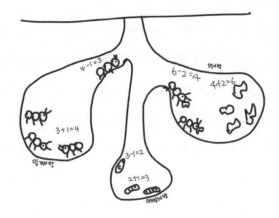

"일개미방에 개미가 3마리 있었는데 1마리가 더 들어왔네. 그럼 모두 몇 마리일까? (아이가 4마리라고 대답하면, 3+1=4를 쓰며) 맞아, 4마리지. 3 더하기 1은 4와 같다고 쓸 수 있지. 그런데 쉬고 있던 개미 1마리가 다시 일을 하러 밖으로 나갔어! 남은 개미는 몇 마리일까? (아이가 3마리라고 대답하면, 4-1=3을 쓰며) 맞아, 3마리가 되었어. 4 빼기 1은 3과 같아."

이렇게 서로 역관계에 있는 숫자들을 가지고 여러 식을 만들며 아이와 놀아 보세요. 아이는 애벌레방도 만들고, 먹이방도 만들면서 이야기를 확장해 나갈 것입니다. 즐겁게 여러 종류의 개미 방들을 만들면서 더하기와 빼기가 어떤 관계가 있는지 아이가 충분히 상상할 수 있게 도와주고, 나아가 손과 입으로 표현하도록 이끌어 주세요.

재미있는 덧셈과 뺄셈 역연산

이제 문제로 풀며 역관계를 확인할 차례예요. 하나의 그림에 대한 덧셈식과 뺄셈식을 각각 하나씩 써 보는 문제를 아이에게 주세요.

한 문제에는 총 세 가지 수가 숨어 있어요. 빨간색 동그라미의 수, 초록색 동그라미의 수, 그리고 이 둘을 더한 수입니다. 이 수들을 잘 활용해 보는 거죠. 덧셈식은 교환법칙에 따라 두 개, 뺄셈식은 빼는 수를 다르게 할 수 있으니 역시 두 개이지만, 그렇게 깊이 생각하면 너무 복잡해지죠. 아직은 아이의 수준에 맞게 식 하나씩만 쓰게 하세요. 덧셈식은 수의 순서를 마음대로 써도 되고요, 뺄셈식은 빨간색 동그라미가 빼는 수가 되어도 좋고 초록색 동그라미가 빼는 수가 되어도 좋습니다.

마지막은 반드시 아이가 자유롭게 문제를 만들어서 풀 수 있게

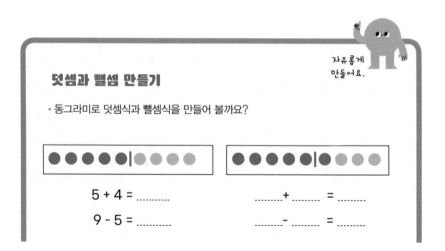

덧셈과 뺄셈 만들기

• 동그라미로 덧셈식과 뺄셈식을 만들어 볼까요?

자유롭게
만들어요.

$$5 + 4 = \underline{\hspace{1.5cm}}$$
$$9 - 5 = \underline{\hspace{1.5cm}}$$

$$\underline{\hspace{1cm}} + \underline{\hspace{1cm}} = \underline{\hspace{1cm}}$$
$$\underline{\hspace{1cm}} - \underline{\hspace{1cm}} = \underline{\hspace{1cm}}$$

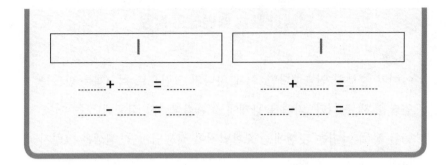

이끌어 주세요. 역관계를 아이가 얼마나 잘 이해하고 있는지를 확인할 수 있어요. 때로는 엄마도 깜짝 놀랄 만한 문제들을 만들기도 한답니다.

이제 그림 없이 수식으로만 해결하는 단계입니다. 덧셈과 뺄셈의 역연산 관계를 얼마나 잘 이해하고 있는지 확인할 수 있습니다. 역시나 자유롭게 문제를 만들어 보는 과정을 꼭 거치세요.

방식은
자유예요!

덧셈과 뺄셈 만들기

• 숫자들을 활용해 식을 만들어 보세요!

6+2= 8	3+9 = ...	....+....=	....-....= ....
8-2=	....-....=	13-5 = ...	....-....= ....

5 +9 = ...	6+7 = ...	....-....=	....-....= ....
14-9 = ...	....-....=	15-8 = ...	....-....= ....

덧셈과 뺄셈 역연산의 발전

아이가 충분히 연습했다면, 이제 하나의 그림으로 식 4개를 만드는 연습을 해 봅니다. 역연산 관계에 교환법칙까지 적용해 보는 거죠. 이를 통해 아이는 덧셈에는 교환법칙이 적용되지만, 뺄셈은 그렇지 않다는 사실을 알 수 있습니다.

한 그림을 통해 유추할 수 있는 덧셈과 뺄셈의 모든 경우의 수를 다 살피게 하며, 덧셈과 뺄셈을 자유롭게 넘나들게 도와주세요. 동그라미 그림을 사용하되, 그림으로도 쉽게 이해하지 못하면 구체물

덧셈과 뺄셈 만들기

• 덧셈식과 뺄셈식, 무언가 관계가 있어 보이는데요?

자유롭게
만들어요.

5+7 = ...   12-7 = ... + ... = ... - ..... = ...

7+5 = ...   12-5 = ... - ..... = ... - ..... = ...

..... + ... = ... - ..... = ... + ... = ... - ..... = ...

..... + ... = ... - ..... = ... + ... = ... - ..... = ...

수학원리를 제대로 배운 아이는 쉽게 계산합니다

을 쥐어 주세요.

동그라미 그림과 구체물로 덧셈과 뺄셈의 관계를 충분히 익혔다면, 이제 동그라미 그림의 도움 없이 문제를 풀며 추상적인 역연산 관계를 머릿속에 집어넣을 수 있습니다.

다음의 문제를 통해 아이가 제대로 이해했는지 확인합니다. 이때 선생님 역할놀이를 하며 즐거운 상황을 유도하면 아이의 머릿속에 중요한 개념이 더욱 쏙쏙 잘 박힐 것입니다.

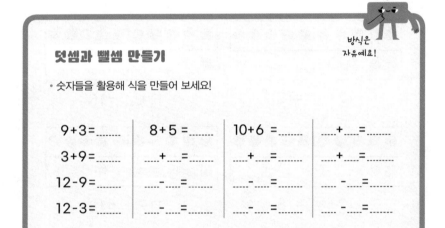

수수께끼 수 찾기

앞의 과정들을 통해 아이들은 덧셈과 뺄셈의 역연산 관계를 이해하게 되었습니다. 이제 지금까지 배운 덧셈과 뺄셈의 관계를 바탕으로 응용 문제를 해결해 봅니다. 일명 수수께끼 수 찾기 문제, 혹은 어떤 수 문제라고 하는 문제입니다. 나중에 배우게 될 방정식의 기초가 되는 부분이지요.

처음에는 아이가 어렵다고 느끼지 않도록 다음과 같이 그림으로 시작합니다. 이미 답이 이미지로 보이는 그림이지요.

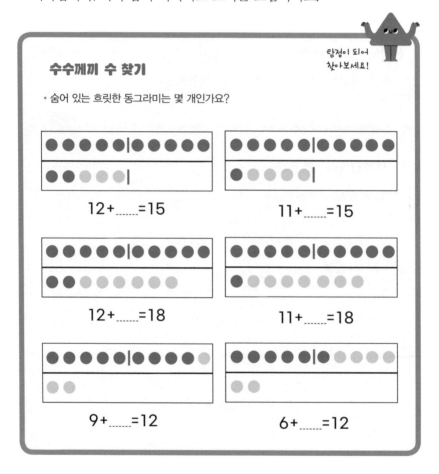

그 다음 이미지를 빼고 수식을 보면서 수수께끼 수를 계산해 볼 텐데요.

수학원리를 제대로 배운 아이는 쉽게 계산합니다

수수께끼 수 찾기

정답은 문제 안에!

• 빈칸에 들어갈 수를 찾아보세요!

6+____=10	9+____=12	9+____=14	18+____=19
5+____=10	8+____=12	7+____=14	15+____=19
4+____=10	7+____=12	5+____=14	12+____=19

　문제 세트는 세 문제로 이루어져 있어요. 이 식들을 모두 계산하는 것이 아니라, 하나의 식을 계산한 후 남은 두 개의 식은 이미 계산한 식을 바탕으로 추론해 해결하도록 지도하세요. 예를 들어 6에 어떤 수를 더했을 때 10이 될지 계산한 후, 6보다 1 작은 5와 2 작은 4가 10이 되려면 몇이 필요한지를 생각하는 거죠.

　이는 수의 관계를 생각해 보는 훈련이에요. 덧셈을 하는 과정에서 아이는 '육 더하기 사는 십, 오 더하기 오는 십' 하는 식으로 답을 외워서 계산하곤 하는데, 이렇게 하면 덧셈의 개념을 제대로 잡지 못해 많이 힘들어져요. '더하는 수 하나가 변하는데 답이 그대로라면, 다른 더하는 수는 어떻게 된 걸까?' 하는 생각을 하게 하여, 덧셈이 의미하는 바를 진정으로 깨닫게 유도하세요. 나중에 곱셈구구와 나눗셈을 배울 때도 이런 식의 추론 문제가 계속 나올 거예요. 개념을 배울 때 속도는 그렇게 중요하지 않아요. 올바른 방법으로 제대로 익히는 게 중요하다는 사실을 잊지 마세요!

덧셈과 뺄셈의 크기 비교

덧셈과 뺄셈의 크기를 비교하며, 수의 상대적 의미와 수가 덧셈이나 뺄셈 연산을 만났을 때 어떤 특징을 가지는지 확인할 차례입니다.

부등호 익히기

이 단계에서 처음으로 부등호를 배워요. 이미 '~보다 크다' 혹은 '~보다 작다'라는 말을 알고 있으니 개념 자체는 어렵지 않습니다.

　다음의 그림을 보여 주며, 이미 알고 있는 등호의 개념을 이용해 부등호의 뜻과 방향을 알려 주세요. 먹을 것이 더 많은 쪽을 향해 입을 벌리고 있는 동물을 활용해 아이가 즐겁게 '~보다 크다'와 '~보다 작다'의 개념 및 부등호 기호를 익힐 수 있어요.

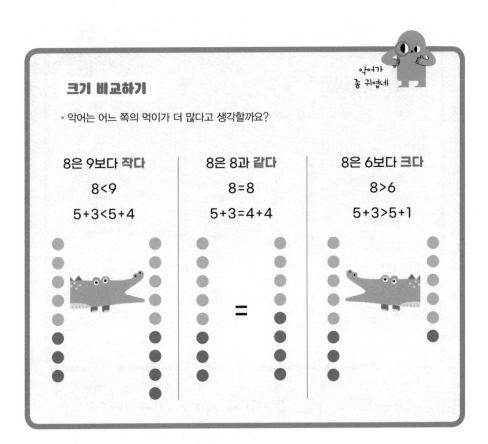

크기 비교하기

• 악어는 어느 쪽의 먹이가 더 많다고 생각할까요?

8은 9보다 **작다**	8은 8과 **같다**	8은 6보다 **크다**
8<9	8=8	8>6
5+3<5+4	5+3=4+4	5+3>5+1

악어가
좀 귀엽네

수 크기 비교하기

부등호 기호를 인지했다면, 이제 덧셈과 뺄셈 수식을 직접 비교하기 전에 숫자 비교부터 시작하세요. 우선 부등호를 어떻게 사용하는지부터 탄탄히 익혀야 하니까요.

다음의 문제는 눈으로 볼 수 있는 동그라미를 보고 수를 세서 써넣고, 크기를 비교한 후 부등호를 써넣는 문제예요.

크기 비교하기

어느 쪽이
클까요?

• 동그라미의 개수를 비교해 보고 <, > 혹은 =를 알맞게 넣어 보세요!

4 < 6 | .... | .... | ....

이제 눈으로 셀 수 있는 동그라미를 빼고 수식만 제시하고 부등호를 써넣는 연습을 할 차례예요. 수의 범위는 20 이내로 한정합니다.

크기 비교하기

어느 쪽이
작을까요?

• 좌우의 수를 보고 <, > 혹은 =를 알맞게 넣어 보세요!

10 8	3 5	19 10	12 13
10 12	8 5	19 15	15 15
10 10	1 5	19 19	18 17

수학원리를 제대로 배운 아이는 쉽게 계산합니다

수식 크기 비교하기

수를 자유자재로 비교해 부등호를 써넣을 줄 알게 됐다면, 이제 수식과 수를 비교할 차례예요. 다음 문제에서 아이는 왼쪽의 수식을 계산해서 답을 내고 그 답을 오른쪽의 수와 비교하는 복잡한 과정을 거쳐야 해요. 세트 속 문제들 중 빨간색으로 표시된 문제를 먼저 풀도록 합니다. 네, 맞아요. 나머지 식들을 해결하기 위한 어림용 식이에요.

크기 비교하기

크기를
비교해요!

• 좌우의 수를 보고 <, > 혹은 =를 알맞게 넣어 보세요!

3+5 _____ 10	9 +10 _____ 20	12-3 _____ 10	15-2 _____ 15
5+5 _____ 10	10 +10 _____ 20	13-3 _____ 10	20-5 _____ 15
6+4 _____ 10	12+8 _____ 20	20-10 _____ 10	20-4 _____ 15
6+5 _____ 10	12+10 _____ 20	20-9 _____ 10	18-4 _____ 15

가장 왼쪽 문제 세트를 예로 들게요. 먼저 빨간색 식부터 풀면, 5+5=10으로 딱 떨어집니다. 이를 기준으로 위의 식을 보면 어떨까요? 앞 수가 5+5에 비해 2가 작아졌습니다. 그러니까 10보다 더 작겠네요. 8이라고 답을 구할 필요도 없이 < 부등호만 쓰면 돼요. 남은 문제들도 마찬가지로 문제를 풀지 않고, 어림식을 통한 추론으로

올바른 등호, 부등호만 판별하도록 지도하세요.

이 부분이 중요한 이유가 있어요. 덧셈과 뺄셈 단원평가에서 가장 빈번히 출제되는 문제가 가장 큰 값 혹은 가장 작은 값을 구하는 문제예요.

다음과 같은 문제, 아이들은 어떻게 풀까요? 이것은 실제 초등학교 3학년 단원평가에 나오는 유형의 문제예요.

• 계산 결과가 가장 작은 식은 어느 것일까요?

① 809-325　　　　② 887-346

③ 798-202　　　　④ 808-113

⑤ 942-237

대부분의 아이는 모든 수식을 계산해서 비교할 거예요. ①번은 484, ②번은 541, ③번은 596… 얼마나 길고 힘든가요? 하지만 문제의 의도를 파악한 아이는 뺄셈 기호 양쪽에 놓인 수의 크기를 비교 판별하며 어림해요. 그러면 훨씬 빠르고 간단히 해결 가능하죠. 초등학교 때부터 문제 자체를 판단할 수 있는 능력을 기른 아이와, 아무런 사고 과정 없이 문제 풀기만을 강요당한 아이. 어떤 아이가 중고등학교 때 수학을 잘할까요? 답은 명확합니다.

그러니 쉽다고 소홀히 대하지 말고, 이 책에서 소개하는 방법대로 생각하여 풀 수 있도록 지도하세요.

아이가 잘 따라왔다면, 이제 부등식을 직접 만들어 보는 연습으로 마무리해요.

우선 0부터 9까지의 숫자 카드를 준비해요. 그런 다음 아이에게 다음의 문제를 보여 주고 풀게 하세요. 아이에게 숫자 카드를 쥐어 주고, 하나의 식을 만족하는 숫자 카드들을 늘어놓게 하세요. 역시 나 중간의 빨간색 어림용 식부터 풀게 하고, 그 다음 위와 아래의 문 제를 해결하게 하세요.

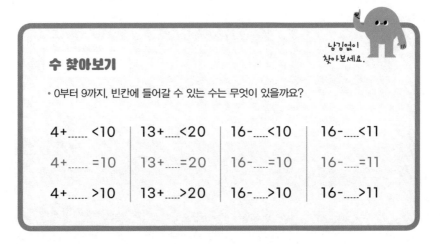

수 찾아보기

• 0부터 9까지, 빈칸에 들어갈 수 있는 수는 무엇이 있을까요?

4+___ <10	13+___<20	16-___<10	16-___<11
4+___ =10	13+___=20	16-___=10	16-___=11
4+___ >10	13+___>20	16-___>10	16-___>11

가장 왼쪽 문제 세트를 예로 설명할게요. 우선 아이는 4에 어떤 수를 더하면 10이 되는지를 떠올려야 합니다. 답은 6이에요. 이제는 거의 외울 정도가 되었지요. 그 다음으로, 위의 문제를 풀기 위해 아이는 4와 더해서 10보다 작은 식을 만족하기 위한 조건을 직접 생각해야 합니다. 그런데 그 조건이 하나가 아니에요. 하지만 아이는 4+_=10의 답이 6임을 알고 있기에, 4+_<10 을 만족시키는 답이 무엇이 있을지 알게 됩니다. 6보다 작은 수들이어야겠죠. 여기에 생

각이 닿으면 부등호의 진정한 의미를 체험한 거예요. 아이가 숫자 카드를 놓으며 계산하게 해 주세요. 각 식을 직접 손으로 써 보게 하는 것도 좋습니다. 마찬가지로 4+__ > 10 역시 카드를 놓아가며 문제를 풀게 합니다.

4장

두 자리 수
연산을 시작해 보자

우리나라	독일
1학년 1학기	
5. 50까지의 수	
1학년 2학기	
2. 덧셈과 뺄셈(1)	**2학년 1학기**
2학년 1학기	
3. 덧셈과 뺄셈	

독일 초등학교 2학년 연산의 목표는 100까지의 수를 이해하고, 덧셈과 뺄셈을 100 이내의 수로 확장하며, 곱셈과 나눗셈의 기본 개념을 이해하는 것입니다. 따라서 앞 단계에서 배운 10을 이용해 덧셈, 뺄셈하는 방법과 덧셈과 뺄셈의 개념과 특징을 잘 이해하고 있어야 합니다.

수의 범위도 커지고 새롭게 배우는 개념도 많아지기 때문에 아이가 힘들어할 수 있어요. 그럴 때 부모가 마음의 여유를 갖고 아이를 가르치세요. 한 번에 이해하지 못하고 실수하는 것을 당연하게 생각하고, 이해하기 어려워할 때는 바둑알이나 사탕 같은 구체물로 직접 해 보거나 좋아하는 소재로 그림을 그려 가며 설명해 주는 것이 좋습니다. 학습 내용보다 긍정적인 학습 정서와 올바른 태도가 우선이라는 점, 꼭 기억하세요! 또한 아이가 배우는 개념을 이해하지 못하면, 연관된 이전 내용을 복습하도록 해 주세요. 개념을 하나 가르친 후 뒤돌아보지 않고 훅 지나가지 않기를 바랍니다.

20 이내의 수
덧셈과 뺄셈 복습하기

독일의 2학년 아이들은 20 이내의 덧셈과 뺄셈을 복습하는 것으로 새 학기를 시작합니다. 여름방학 6주간 신나게 놀고 왔으니 1학년 때 배운 것들이 가물가물하겠지요. 어른들도 긴 휴가 후 일상으로 돌아갈 때 적응 기간이 필요한 것처럼 아이들도 공부를 위한 워밍업이 필요합니다. 그래서 9월 한 달 정도는 1학년 때 배운 것들을 복습하며 핵심 개념들을 상기합니다. 다만 단순 복습에 그치는 게 아니라, 조금 더 어려운 응용 문제를 활용하죠.

우선 앞서 배운 덧셈과 뺄셈의 기본 개념 문제들(9+4, 17-8 등)을 풀게 합니다. 아이들은 10을 이용한 덧셈을 다시 떠올리게 되지요. 그후 다음의 응용 문제들을 소개합니다.

더 발전된 수식 만들기

이제까지는 주어진 식을 계산하는 연습에 치중했다면, 이제부터는 반대로 주어진 수를 모으고 갈라 올바른 수식을 만들게 하면서 '역생각'을 유도하는 거예요. 이 과정에서 아이는 단순 복습을 넘어 더욱 풍부한 사고 체계를 갖추게 됩니다.

　우선 간단한 문제부터 시작하세요. 조건을 만족하는 덧셈식을 쓰는 문제예요. 마지막 문제는 아예 만들고 싶은 수까지 스스로 생각하게 하지요.

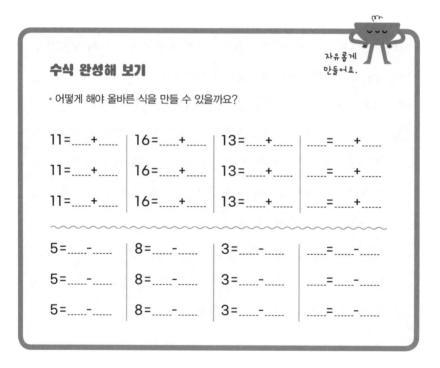

자유롭게 만들어요.

수식 완성해 보기

• 어떻게 해야 올바른 식을 만들 수 있을까요?

11 = ___ + ___　16 = ___ + ___　13 = ___ + ___　___ = ___ + ___

11 = ___ + ___　16 = ___ + ___　13 = ___ + ___　___ = ___ + ___

11 = ___ + ___　16 = ___ + ___　13 = ___ + ___　___ = ___ + ___

5 = ___ - ___　8 = ___ - ___　3 = ___ - ___　___ = ___ - ___

5 = ___ - ___　8 = ___ - ___　3 = ___ - ___　___ = ___ - ___

5 = ___ - ___　8 = ___ - ___　3 = ___ - ___　___ = ___ - ___

수학원리를 제대로 배운 아이는 쉽게 계산합니다

덧셈과 뺄셈, 관점 넓히기

덧셈과 뺄셈 연산에 대한 개념을 조금 더 확장하게 도와주는 응용 문제들을 소개합니다.

우선 집 모양 상자에 알맞은 숫자를 넣어 보는 문제예요. 이미 이런 집 모양 문제는 앞에서 많이 경험해서 이제는 익숙하겠지요? 각 칸에 알맞은 수를 채워 지붕에 적힌 수가 되도록 하세요.

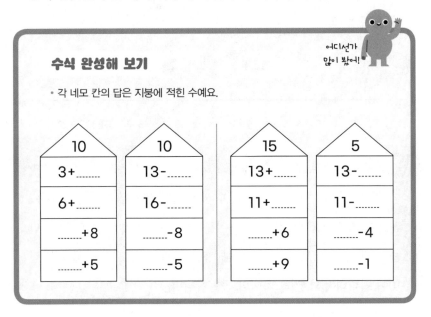

각 문제들을 보면, 아래 두 칸의 문제는 앞의 수가 비어 있는 아이가 처음 접하는 유형이에요. 아이가 당황한다면, 질문을 던지며 천천히 생각할 수 있도록 도와주세요. "8에 몇을 더하면 10이 될까?" "몇에서 8을 빼면 10이 될까?"

문제 하나하나만을 보면 앞서 한 덧셈이나 뺄셈과 다를 바 없죠. 우선 아이에게 문제를 다 풀게 한 다음, 좌우 집의 같은 층을 비교해 봅니다. 그러면 재미있는 사실을 발견할 수 있습니다.

　지붕에 각각 15와 5가 있는 문제를 볼까요? 왼쪽 집의 가장 위층은 더해서 15가 되는 답을, 오른쪽 집의 가장 위층은 빼서 5가 되는 답을 찾아야 하죠? 13이 15가 되려면 2를 더해야 하고, 13이 5가 되려면 8을 빼야 해요. 빈 수직선을 준비하고, 이 내용을 함께 수직선에 옮겨 보세요.

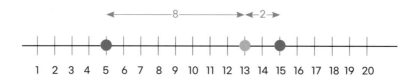

　13을 기준으로 5가 되는 값과 15가 되는 값을 보면, 각각 8과 2만큼 해서 10만큼 차이가 납니다. 다시 말하면 5와 15 사이를 8칸과 2칸으로 가르기를 한 것이지요. 이를 다르게 표현한다면, 5에서 8만큼 가면 13이 나오고 다시 2만큼 가면 15가 나오고 8과 2를 더하면 10이 됩니다. 5와 15의 차이와 동일합니다.

　당연한 말이라고요? 아이들은 이제까지 15-5가 몇인지만 생각해 봤지, 한 번도 5와 15를 13을 기준에 두고 갈라본 적은 없을 거예요. 아이들은 이런 지점을 굉장히 신기해합니다. 그저 더하고 빼고 했던 수식들 속에 어떤 비밀이 숨어 있었다고 표현을 하더라고요. 이 개념은 이후에 배울 절댓값 개념과도 연결되니, 수직선을 활용해 수의 관계를 깊이 생각하게 도와주세요.

다른 관점으로 덧셈과 뺄셈을 생각하는 문제를 소개할게요.

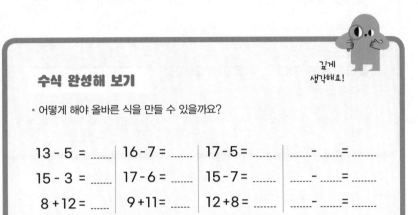

수식 완성해 보기

깊게
생각해요!

• 어떻게 해야 올바른 식을 만들 수 있을까요?

13 - 5 = ...	16 - 7 = ...	17 - 5 = ...	...... - ...... = ...
15 - 3 = ...	17 - 6 = ...	15 - 7 = ...	...... - ...... = ...
8 +12 = ...	9 +11 = ...	12 +8 = ...	...... - ...... = ...

가장 왼쪽 문제에서, 13에서 5를 뺀 값은 8로 10보다 2 작은 수입니다. 15에서 3을 뺀 값은 12로 10보다 2 큰 수입니다. 10을 기준으로 2 작은 수와 2 큰 수를 더하면 10이 2개인 20이 되지요. 개별 수식으로 보면 별것 아닌 문제인데, 이렇게 함께 모아서 보면 덧셈과 뺄셈에 대한 관점을 넓힐 수 있습니다.

다음 쪽의 문제는 제시된 조건을 만족하는 식을 자유롭게 생각해보고 쓰는 문제입니다.

10보다 작다를 만족하는 수식은 정말 다양하겠죠? 10-5, 2+6 등등. 문제에 주어진 조건을 만족한다면 어떤 모양이든 상관없어요.

이런 유형의 문제를 처음 접한 아이들은 대개 당황합니다. 그러나 새로운 문제들은 우리 뇌에 신선한 자극이 되고, 이는 수학적 사고

생각해 보기

• 주어진 문장에 맞는 수식을 3개 이상 써 보세요!

자유롭게
적어 보세요.

값이 10보다 작다	값이 10과 같다	값이 10보다 크다

력의 확장으로 이어집니다.

다음은 이미 경험한 바 있는 앞뒤 수의 변화가 있는 덧셈과 뺄셈 계산입니다. 응용 심화 문제에서 자주 사용되는 개념인 만큼 해당 개념을 다지는 시간을 한 번 더 가지는 거죠.

덧셈과 뺄셈 계산하기

자유롭게
써 보세요.

• 문제의 앞뒤 수가 변할 때, 값이 어떻게 변할까요?

13 + 2 =_____	16-5=_____	18-8=_____	4 + 3 =_____
12 + 3 =_____	17-4=_____	16-6=_____	6 + 5 =_____
11 + 5 =_____	18-3=_____	14-4=_____	___-___=
10 +8 =_____	19-2=_____	___-___=	___-___=

이로써 1학년 때 배웠던 중요한 덧셈과 뺄셈 개념 복습을 마무리 합니다. 자, 이제 본격적인 2학년 과정에 들어가 볼까요?

100까지 더하고 빼 보자, 10 단위로 끊어서

20 이하 숫자에 대한 덧셈과 뺄셈이 익숙해졌다면, 이제는 수의 범위를 100까지 확장할 때입니다.

독일에서는 아이에게 100까지의 수에 대해 가르칠 때 십의 자리 기준으로 수를 먼저 확장한 다음 일의 자리 수까지 포함하는 100까지의 수를 배웁니다. 즉 30, 40, 50부터 배우는 것이죠. 여기까지는 우리나라와 동일합니다.

여기에서 중요한 차이점이 있습니다. 우리나라에서는 10의 배수 단위로 수를 배우고, 그 다음 21, 22… 50까지의 수 세기와 비교를 배웁니다. 그리고 나서 다시 100까지 배우고 두 자리 수 덧셈과 뺄셈을 배우죠. 하지만 독일에서는 우선 10의 배수 단위로 수를 100까지 가르친 다음, 10의 배수 단위로 덧셈 뺄셈부터 시킵니다. 왜일까요? 이유는 간단합니다. 10 단위로 자르면 일의 자리와 모양이 비슷하기에 비교하며 계산할 수 있습니다. 아이들 입장에서 더 이해하기 쉬워요. 앞서 배운 쉬운 개념을 적극적으로 활용하는 독일 교과서식 사칙연산의 특징입니다.

100까지 수 세기

아이는 이미 11부터 20까지 수를 배웠고 그 과정에서 20은 10이 2개인 것으로 인식한 상태예요. 거기서부터 시작해 100까지의 수를 10의 단위로 먼저 인지합니다. 그러기 위해서 몇 가지 도구가 필요합니다.

직접 만질 수 있는 구체물이 필요해요. 다양한 모양의 구체물을 10의 배수 단위로 준비한 다음, 10개씩 묶어 보라고 지도하세요. 10씩 묶어서 세는 연습은 10진법으로 수를 파악하는 중요한 연습입니다. 그 다음 소리 내어 읽고, 손으로 써 보게 지도하세요.

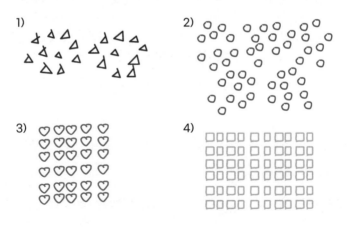

아이가 손으로 감각을 충분히 익혔다면, 100개의 점이 그려진 다음과 같은 표(앞으로 '백점판'이라고 부를게요)를 준비하세요. 아이에게 펜을 쥐어 주고, 10개씩 묶어 직접 수를 세어 보도록 합니다.

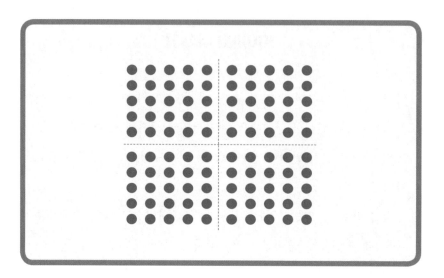

이 과정들을 함께하면서 아이가 20은 10이 2개, 30은 10이 3개, 90은 10이 9개, 100은 10이 10개인 수로 인지하게 도와주세요.

구체물로 만져 보고, 8십이라고 써 보자

아이가 10의 배수에 익숙해졌다면, 10의 배수에 대한 덧셈과 뺄셈을 알려 줄 차례입니다.

구체물을 활용해 계산하고 식을 적는 방법을 60 더하기 20을 예시로 알려 드릴게요.

우선 다음과 같이 60 더하기 20을 구체물이나 그림으로 표현해 아이 앞에 놔 주세요.

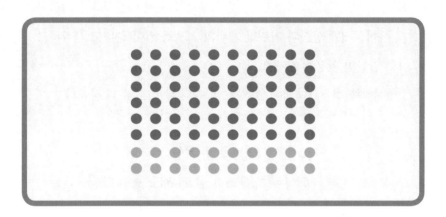

빨간색 동그라미와 초록색 동그라미를 세어 보게 하세요. 문제를 보면 각 줄이 10을 나타냄을 바로 알 수 있어요. 그렇다면 각 줄을 하나씩 세면 빨간 동그라미는 60, 초록 동그라미는 20이에요. 60 더하기 20은 80이죠? 이는 6 더하기 2는 8에서 자릿값이 하나씩 올라간 것과 같아요. 즉 일의 자리 수 덧셈을 10의 묶음으로 치환해 보면서 아이들은 두 자리 수 덧셈에 한 발짝 더 다가갑니다.

이제 이것을 식으로 표현할 차례입니다. 독일에서는 십의 자리를 나타낼 때 대문자 Z를 사용합니다. 10을 가리키는 단어 zehn의 머리글자예요. 즉 3Z는 30이고, 5Z는 50이에요. 10 단위의 덧셈 뺄셈은 3Z+5Z=8Z로 표현할 수 있죠. 이렇게 문자를 쓰면 자릿값 개념의 기초를 잡는 데 매우 편리합니다. 아이가 30을 보고 30이 아닌 3과

0이 합쳐진 숫자처럼 인지할 수 있는데, 30 대신 3Z라고 쓰면 10의 묶음이 3개라는 개념을 머릿속에 박아 둘 수 있기 때문이에요.

이 책에서는 독일식으로 'Z' 대신 '십'이라는 단어를 씁니다. '삼십'도 아니고 '3십'이라고 쓰는 것이 부모들 눈에 이상하게 보이겠지만, 아이들에게 연산과 자릿값 개념의 기초를 잡아 준다고 생각하고 아주 잠깐만 활용해 보세요.

앞서 계산한 '60 더하기 20은 80과 같다'를 식으로 써 봅니다.

$$6십+2십=8십$$

(육십+이십=팔십이라고 함께 써도 좋습니다.)

이 식에서 '십'들을 가리면 6+2=8이 돼요. 가렸다가 다시 보여 주며, 일의 자리 덧셈과의 관계도 한 번 더 일깨워 주세요. 이렇게 눈과 손으로 수를 직접 보고, 식으로 써 보는 과정을 반복해 10 단위의 덧셈과 뺄셈을 완전히 익히게 하세요.

구체물 없이 덧셈식 쓰기

구체물과 그림으로 식을 만드는 게 어느 정도 익숙해지면, 다음과 같이 문자를 완전한 덧셈식으로 치환하는 연습을 하세요. 마지막에는 직접 문제를 만들어 보게 하세요.

자유롭게
적어 주세요.

덧셈식 써 보기

• 글을 수로 바꿔 적어 보세요!

3십+5십	6십+1십	5십+4십	＿＿＿+＿＿＿
↓	↓	↓	↓
30+50	＿＿＿+＿＿＿	＿＿＿+＿＿＿	＿＿＿+＿＿＿

문자를 덧셈식으로 바꾸는 연습을 충분히 했다면, 이제 드디어 이미지 없이 수식으로만 계산할 준비가 된 거예요. 다음의 문제들을 풀게 하며 일의 자리와 십의 자리의 관계와 차이를 확실히 인지시키세요.

흥미로운
문제예요!

덧셈하기

• 두 덧셈, 관계가 있는 것 같기도?

2 + 6 =＿＿	3 + 7 =＿＿	5 + 4 =＿＿	＿＿+＿＿=＿＿
20+60=＿＿	30+70=＿＿	50+40=＿＿	＿＿+＿＿=＿＿

즐거운 공부를 돕는 응용 문제

10의 배수 단위의 덧셈과 뺄셈은 일상에서 자주 있는 돈 계산 문제로 바꿔 내기 딱 좋은 문제입니다. 아이와 직접 10원짜리와 50원짜리 동전을 가지고 돈이 얼마인지 세 보기도 하고, 물건을 사고팔기도 해 보세요. 제가 아이들과 했던 놀이들을 간단하게 소개합니다.

우선 만질 수 있는 동전을 가지고 아이와 놀아 보세요. 아이에게 돈을 계속 주면서 다 합해서 얼마가 되는지 알아보기도 하고, 갖고 있는 돈을 가져오기도 하면서요.

"네가 지금 40원을 갖고 있네. 엄마가 30원을 더 줄게. 그러면 너는 얼마를 갖게 되지?"

"네가 60원을 갖고 있잖아. 그런데 엄마가 돈이 없어서 20원이 필요해. 네가 엄마한테 20원을 주면 너한테는 얼마가 남아?"

"너는 지금 50원을 갖고 있어. 그런데 70원이 있어야 사탕을 살 수 있어. 그러면 너는 얼마가 더 필요하지?"

또 다른 좋은 놀이는 돈을 세는 것에서 한 발짝 더 나아간, 물건 사고팔기입니다.

우선 물건 몇 개를 골라 각각 10의 단위에 맞춰 가격표를 써서 앞에 두세요. 그리고 실제로 동전을 앞에 두고, 다음과 같이 질문을 하고 답을 유도하세요.

"네가 50원 2개를 내고 책을 샀어. 얼마를 돌려받아야 할까?"

"엄마는 초콜릿 하나랑 체리 2개를 사고 싶어. 얼마가 필요하지?"

"너는 케이크를 사고 싶은데 50원밖에 없어. 얼마가 더 필요할까?"

"네가 초콜릿 2개를 사려고 50원을 냈어. 얼마를 돌려받아야 할까?"

"앗, 엄마는 책을 사고 싶은데 20원이 더 필요해. 엄마가 지금 얼마를 가지고 있는지 맞힐 수 있겠어?"

100까지의 수 인지하기

이제 100까지의 수를 일의 자리까지 확대해 파악해 봅니다. 10이 3개 있으면 30이라는 것까지 이해했으니, 이제 10이 3개고 1이 5개인 수도 알아야 하겠죠?

수 세기 놀이

10에서 100까지 10씩 직접 묶어서 세어 보았던 것과 같이, 이 단계에서도 먼저 아이들이 직접 수를 10씩 묶은 묶음과 남은 것을 세어 보는 것으로 시작해요. 이미 앞에서 16을 10이 1, 1이 6인 수로 배웠고, 10이 3개면 30이라고 표현한다는 것을 배웠기 때문에 어렵지 않게 해 나갈 것입니다.

수가 커지면 아이들이 수를 머릿속으로 바로 떠올리기가 힘듭니다. 43이라는 수가 어느 정도의 크기인지 상상하기가 어렵지요. 때문에 구체물과 이미지로 수를 먼저 눈으로 보게 하세요. 수를 조금 더 실제적으로 느낄 수 있습니다.

독일 초등학교에서는 빨간색 단추 모양의 교구를 원하는 만큼 집어서 책상에 펼쳐 놓고 10씩 묶어 개수를 세고 수를 적어, 누가 더 많이 집었는지 짝과 비교하는 놀이를 해요. 집에서도 아이와 바둑알이나 레고 조각으로 해 볼 수 있어요.

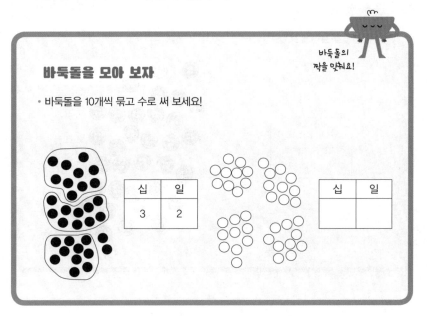

바둑돌의 짝을 맞춰요!

바둑돌을 모아 보자

• 바둑돌을 10개씩 묶고 수로 써 보세요!

십	일
3	2

십	일

"(바둑알을 책상에 두면서) 와 바둑알이 엄청 많네. 몇 개나 되는지 세어 보자. 그냥 세지 않고, 10씩 묶어서 셀 거야. (10개씩 구분하여 나눈 후) 십이 하나, 둘, 셋. 3개가 있고, 일이 하나, 둘. 2개가 있으니까 이건 32개나 되네! 이번에는 네가 원하는 만큼 바둑알을 놓아 볼까?"

아이가 직접 10개씩 묶어 세어 본 후 십과 일이 얼마나 되는지 수를 써 보게 하세요.

구체물을 세고 그걸 수로 표현하는 연습을 했다면, 거꾸로 십의 자리 수와 일의 자리 수를 보고 동그라미를 그리거나 혹은 구체물을 놓아 보게 지도하세요.

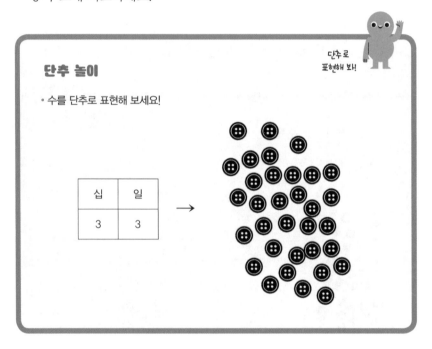

본격적으로 수 인지하기

독일 교과서에서는 두 자리 수를 일반적인 10진법으로 표기하는 것 외에 다음과 같은 네 가지 방법을 사용해 표현해요. 몇 개는 한국 교과서에서도 익히 봐 왔던 모양이지요.

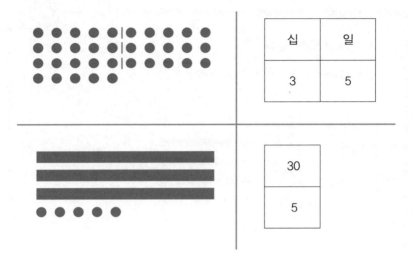

이제까지 동그라미 10개로 나타냈던 10을 단순화해서, 가로로 길게 누운 막대 형태로 바꿔서 표현할 거예요. 이렇게 십과 일을 다른 모양으로 표시하면 우리 뇌는 이 둘을 '서로 다른 것'으로 인지할 수 있어요. 즉, 35에서 3과 5를 각각 10이 3개인 수와 1이 5개인 수로, 전혀 다르게 받아들이게 됩니다. 그러면 35를 53이나 3+5랑 헷갈리지 않겠지요. 100까지의 수 체계가 명확하게 잡힐 때까지는 십의 자리 수를 표현하는 막대와 일의 자리 수를 표현하는 동그라미로 직접 그려 보게 지도하세요.

처음에는 아이가 막대 사용에 익숙치 않을 수 있어요. 때문에 아이에게 익숙한 동그라미를 막대로 전환하는 연습부터 시켜 주세요.

다음 문제는 백점판을 보고 막대와 수로 올바르게 나타내는 연습입니다. 가려지지 않은 빨간색 점의 개수를 10씩 묶은 후 막대와 동그라미로 나타내고 이를 십과 일의 개수로 표현하는 거예요.

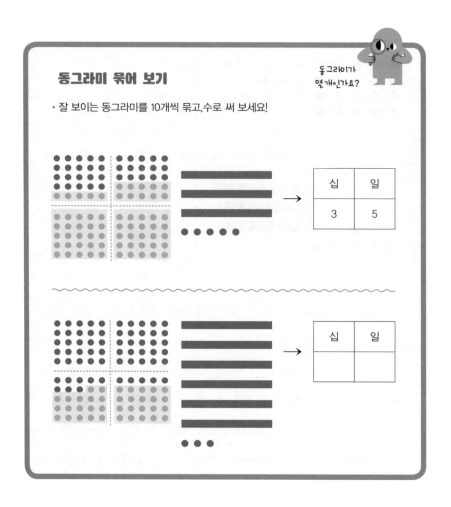

동그라미 묶어 보기

• 잘 보이는 동그라미를 10개씩 묶고, 수로 써 보세요!

동그라미가
몇개인가요?

십	일
3	5

십	일

이 연습이 충분히 되면, 백점판 없이 막대와 동그라미를 올바른
수로 나타내는 연습을 시키세요. 백점판에서 독립해 막대기와 동그
라미로만 수를 표현하게 도와주는 거예요.

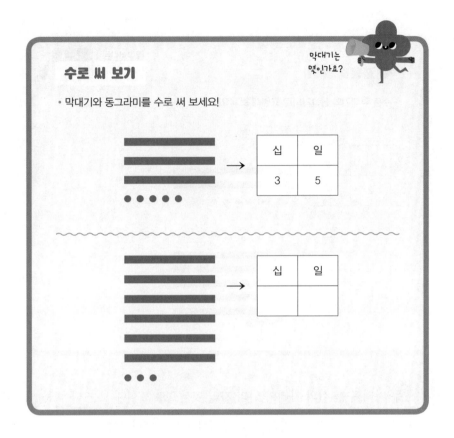

수로 써 보기

• 막대기와 동그라미를 수로 써 보세요!

십	일
3	5

십	일

악대기는
몇인가요?

다음 쪽의 문제는 이전 문제들과 반대로 수를 보고 막대와 동그라미를 그려 보는 문제예요. 이런 역연산은 아이의 수 감각을 키우는 데 큰 도움이 될 거예요. 이때 십의 자릿값과 일의 자릿값이 반대인 두 자리 수를 세트로 제시하세요. 아이는 각각의 수에 대해 올바르게 그린 후 위아래 수의 차이를 설명하는 과정에서 똑같은 숫자라도 자리가 달라지면 수의 크기가 따라 변한다는 사실을 확실히 파악할 수 있을 거예요.

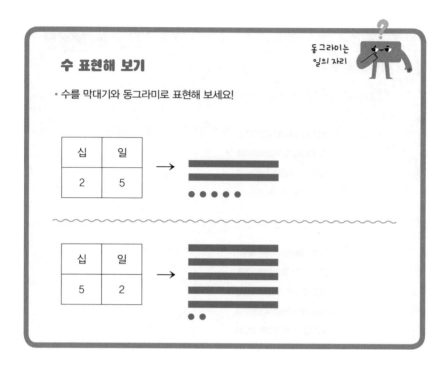

수 표현해 보기

• 수를 막대기와 동그라미로 표현해 보세요!

동그라미는
일의 자리

십	일
2	5

십	일
5	2

두 자리 수를 십의 자리와 일의 자리 덧셈으로 표현해 보는 다음 문제까지 풀 줄 알면, 두 자리 수를 완벽하게 인지했다고 할 수 있어요. 이때 십의 자리와 일의 자리를 바꿔서 나타내 보는 연습도 필요해요. 14는 10+4이기도 하지만 4+10이기도 하죠.

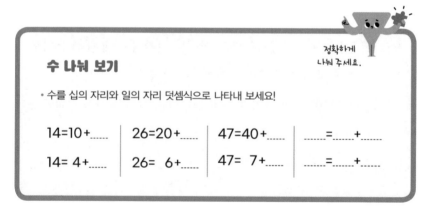

수 나눠 보기

• 수를 십의 자리와 일의 자리 덧셈식으로 나타내 보세요!

정확하게
나눠 주세요.

14=10+_____   26=20+_____   47=40+_____   _____=_____+_____

14= 4+_____   26= 6+_____   47= 7+_____   _____=_____+_____

수학원리를 제대로 배운 아이는 쉽게 계산합니다

마지막에는 꼭 아이가 스스로 문제를 만들어서 해결하도록 알려 주세요.

이제 아이들이 많이 헷갈려하는 부분을 콕 집어 줄 차례예요. 이 단계의 아이들은 35와 53을 서로 헷갈려해요. 아직까지는 자릿값을 명확하게 인지하지 않았기 때문이죠. 그러니 다음과 같이 수식으로 구분하여 몇 번 써 보는 거죠. 여기까지 연습하면 자릿값의 개념이 확실하게 잡힐 거예요!

자유롭게
써 보세요.

수 나눠 보기

• 수들을 십의 자리와 일의 자리 덧셈식으로 나타내 보세요!

35 53 55 57 75	17 71 37 73 33
35=30+5	＿＿=＿＿+＿＿
53=50+3	＿＿=＿＿+＿＿
＿＿=＿＿+＿＿	＿＿=＿＿+＿＿
＿＿=＿＿+＿＿	＿＿=＿＿+＿＿
＿＿=＿＿+＿＿	＿＿=＿＿+＿＿

더해서 100

'더해서 5'부터 '더해서 10,' '더해서 20'같이 '더해서 몇'은 수를 파악하고 모으기와 가르기를 하는 데 아주 효과적인 도구예요. 100 이하 두 자리 수 덧셈와 뺄셈을 배우기 전에, '더해서 100'이 되는 조합을 먼저 익히면 10을 기준으로 연산하는 기초를 쌓을 수 있어요.

우선 쉬운 '더해서 100'부터 연습하고, 예전에 공부한 내용들을 바탕으로 '더해서 100'의 범위를 조금씩 넓혀 나갈 거예요.

일의 자리가 없는 더해서 100

일의 자리가 없거나 5 단위로 끊어지는 '더해서 100'부터 시켜 보세요. 신경 써야 할 것이 적으니 더 수월해요. 아이가 이미 살짝 경험해 보기도 했고요.

다음 문제를 보면 백점표의 일부가 가려져 있습니다. 가려지지 않은 부분의 수를 세어서 쓰고, 100이 되려면 몇 개가 더 필요한지를 생각해 보며, 이를 수식으로 적어 봅니다. 일의 자리가 5가 되는 수까지 생각해 볼 수 있어요.

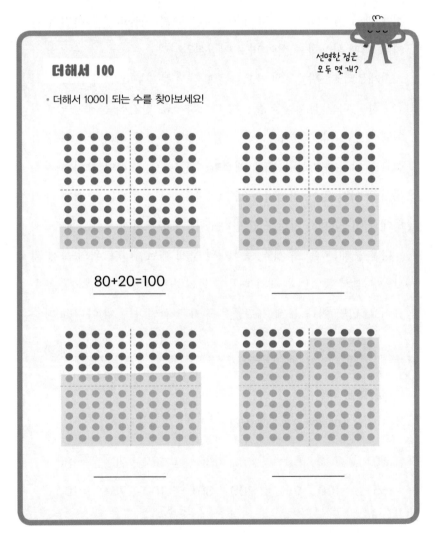

더해서 100

• 더해서 100이 되는 수를 찾아보세요!

80+20=100

어림으로 해결하는 '더해서 100'

동그라미를 이용한 문제에 익숙해지면 더 넓은 범위의 계산을 할 수 있어요. 방금 전에 배웠던 쉬운 '더해서 100'을 활용하기도 하고, 더 전에 배웠던 '더해서 20'과 '100까지의 수'를 떠올리기도 하면서 말이죠. 이때 사용하는 것이 바로 어림식입니다.

이제부터 나오는 문제 세트들은 빨간색 문제부터 먼저 풀고, 그걸 참고하여 다른 문제들을 풀도록 지도하세요. 빨간색 문제는 일종의 어림식으로, 이것을 이용하면 어림식에서 숫자를 더하거나 빼는 방식으로 다른 문제들을 쉽게 해결할 수 있어요. 그러면 아이 머릿속에서는 어떤 일이 일어날까요? 복잡해 보이는 문제들도 쉽게 해결하게 되어 '숫자가 커져도 할 만하구나!'라고 느끼게 되겠죠.

다음 문제는 각 2문제씩, 총 8개의 문제 세트입니다. 위의 문제 세트들은 앞서 풀었던 문제와 내용이 동일하여 아이가 익숙하게 풀 수 있어요. 반면 아래 문제 세트들은 수가 5씩 변하는 게 아니라 다양

빨간색 식을
잘 보세요!

더해서 100

• 더해서 100이 되는 수를 찾아보세요!

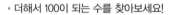

| 60+＿＿=100 | 50+＿＿=100 | 30+＿＿=100 | 70+＿＿=100 |
| 65+＿＿=100 | 55+＿＿=100 | 35+＿＿=100 | 75+＿＿=100 |

수학원리를 제대로 배운 아이는 쉽게 계산합니다

30+____=100	40+____=100	90+____=100	90+____=100
27+____=100	42+____=100	86+____=100	98+____=100

하게 변해요. 하지만 괜찮습니다. 앞뒤 수가 변함에 따라 답이 어떻게 변하는지 생각하면서 천천히 해결할 수 있도록 도와주세요.

다음 문제 세트는 이전에 배운 '더해서 20'과 비교하여 '더해서 50'과 '더해서 100'을 해결하게 되어 있어요.

더해서 20, 더해서 50, 더해서 100

빨간색 식을 잘 보세요!

• 더해서 20, 더해서 50, 더해서 100이 되는 수를 찾아보세요!

16+____=20	14+____=20	15+____=20	19+____=20
16+____=50	14+____=50	15+____=50	19+____=50
16+____=100	14+____=100	15+____=100	19+____=100

다음 쪽의 문제는 가운데가 기준이 되는 어림으로, 이 식을 기준으로 위아래 식이 일정한 차이가 나죠.

더해서 100

• 더해서 100이 되는 수를 찾아보세요!

36+____=100	67+____=100	12+____=100	____+____=100
40+____=100	60+____=100	20+____=100	____+____=100
44+____=100	53+____=100	28+____=100	____+____=100

36이 100이 되려면 얼마나 더 필요한지 파악하는 것이 아이들에게는 무척 어렵게 느껴질 거예요. 그런데 40이 100이 되기 위해서 60이 필요한 것을 이해했다면 그다음은 매우 쉬워져요. 36은 40보다 4만큼 작으니까, 빈칸에 들어갈 수도 4만큼 변하겠구나 하고 추론할 수 있기 때문이죠. 그러니 이 문제를 수월히 풀 수 있으려면, 앞선 단계에서 제시된 문제 세트들을 열심히 풀고 와야 하죠. 다시 말해 수식에서 앞뒤 수의 변화가 전체 답에 미치는 영향을 잘 익혀 둬야 합니다. 그 연습이 잘된 아이는, 이런 추론을 단순 계산보다 훨씬 더 쉽고 재미있는 작업으로 느낍니다. 마지막은 항상 아이가 직접 문제를 만들어 보게 함으로써 추론을 체화하게 도와주세요. 작은 힌트만 줘도 어렵지 않게 해낼 거예요.

뛰어 세기

20까지의 수를 배우면서 게임을 통해 뛰어 세기를 잠깐 연습한 적 있죠? 이제 100까지의 수를 놓고 아이와 함께 0부터 50까지 10씩, 5씩, 2씩, 4씩, 3씩 뛰어 세기를 해 보세요. 단순히 뛰어 세는 것을 넘어서, 한 수직선에서 두 수를 함께 뛰어 세면 어디에서 만나는지 아이와 함께 확인해 보세요. 이 단계는 지금까지 배운 덧셈과 이후에 배울 곱셈을 이어주는 징검다리와 같아요.

　큰 종이를 준비하세요. 1부터 100까지 일렬로 늘어선 수직선을 엄마가 직접 그려 주세요. 수직선 모양은 다음과 같이 1을 동그라미 하나로 표시하고, 10 단위마다 숫자를 적고 구분선을 그어 주세요.

준비가 됐다면 뛰어 세기를 시작해 볼까요?

뛰어 세며 비교하기

가장 먼저 10씩 뛰어 세기와 5씩 뛰어 세기를 하세요. 각각의 수를 알아채는 것도 중요하지만, 10씩 뛰어 세기를 했을 때와 5씩 뛰어 세기를 했을 때 만나는 수를 확인하면서, 10씩 1번 뛰어 세는 것과 5씩 2번 뛰어 세는 것이 같다는 사실을 확인하는 게 정말 중요해요.

그 다음은 2씩 뛰어 세기와 4씩 뛰어 세기예요. 이 둘을 비교하면, 2씩 2번 뛰는 것과 4씩 1번 뛰는 것이 같다는 사실을 알 수 있겠죠?

마지막으로, 3씩 뛰어 세기와 6씩 뛰어 세기예요. 이 두 뛰어 세기는 어떤 수에서 만나는지 아이와 함께 확인합니다.

뛰어 세며 색칠놀이

뛰어 세기는 수직선에서 주로 하지만, 숫자판도 뛰어 세기의 훌륭한 도구예요. 10, 5, 2, 4, 3, 6 순서로 각기 다른 색으로 표시하며 뛰어 세기를 해 봅니다. 그 후 어떤 색이 어떤 수에서 만나는지 이야기를 나눠 보세요.

이때 색이 섞이게 하면 더 재밌어요. 예를 들어 10과 5의 뛰어 세기를 비교할 때, 10은 빨간색 크레파스로, 5는 파란색 크레파스로 칠하게 합니다. 그러면 10과 5의 공배수 부분은 빨간색과 파란색이

1	2	3	4	5	6	7	8	9	10
11	12	13	14	15	16	17	18	19	20
21	22	23	24	25	26	27	28	29	30
31	32	33	34	35	36	37	38	39	40
41	42	43	44	45	46	47	48	49	50
51	52	53	54	55	56	57	58	59	60
61	62	63	64	65	66	67	68	69	70
71	72	73	74	75	76	77	78	79	80
81	82	83	84	85	86	87	88	89	90
91	92	93	94	95	96	97	98	99	100

만나 보라색이 되겠죠?

이러한 놀이를 통해 같은 수에서 만나는 여러 배수를 확인하면서 고학년에 배울 공배수의 의미를 자연스럽게 예습할 수 있어요.

100 이하
두 자리 수의 덧셈

드디어 100 이하 두 자리 수 덧셈을 배우는 단계입니다!

받아올림의 개념은 아이에게 매우 낯섭니다. 아이들은 처음 받아올림이 있는 두 자리 수의 연산을 만났을 때 속으로 굉장히 당황합니다. 처음이니까 당연한 거지요. '어, 이거 도대체 어떻게 풀지? 이게 뭐지?'라는 생각으로 머리가 가득 차요. 마치 수학을 전공하지 않은 사람들이 다음과 같은 수식을 볼 때의 느낌입니다.

$$\min/\!/X/\!/1 \text{ s.t.}/\!/6^*X\text{-}Y/\!/2 \leq \varepsilon$$

이 수식은 대학원에서 수학을 전공한 남편이 자기가 가장 좋아하는 수식이라며 저에게 보여 준 것이에요. 웃으면서 이걸 보여 주는 남편을 보며, 아이에게 어서 풀어 보라며 연산 문제를 들이밀었을 때 아이의 흔들리던 눈빛이 이해가 됐습니다. 그리고 이 느낌을 잊지 말아야겠다 다짐했죠. 어른의 눈엔 쉬워도 그걸 처음 만난 아이에게는 난관 그 자체입니다. 세상에 당연한 것은 없다는 것을 생각하며 아이와 함께 연산을 해 나갑시다.

독일에서는 두 자리 수 덧셈을 네 가지 방법으로 배워요. 첫 번째는 동그라미와 막대기 그림으로 연습하기, 두 번째는 같은 자리 수끼리 더하기, 세 번째는 수직선 활용하기, 네 번째는 10을 이용하기(=10과 with 10)입니다. 앞으로 설명하겠지만, 첫 번째와 세 번째 방법은 각각 두 번째와 네 번째 방법을 배우기 위한 시각화 단계예요. 그러니 처음 개념을 배우는 단계에서는 첫 번째부터 네 번째 방법까지 순서대로 연습하고 실제 연습 문제나 시험 문제를 풀 때는 두 번째 혹은 네 번째 방법 중 더 쉽게 풀 수 있는 방법으로 선택하여 계산하라고 알려 주세요.

그럼 하나하나 살펴볼까요?

동그라미와 막대기 그림
이용해서 더하기

첫 번째, 동그라미와 막대기 그림을 그려서 직접 덧셈 상황을 만들어 보는 방법이에요. 막대와 동그라미 이미지를 보면, 자연스럽게 십의 자리 수와 일의 자리 수를 구분해서 더하게 되죠. 동그라미 10개가 모이면 그걸 하나의 막대로 바꾸는 연습을 하며 받아올림이 어떤 건지 손으로 체험하게 해요. 아이가 직접 그림을 그려 연습하게 합니다. 두 번째 방식인 같은 자리 수끼리 더하는 계산법을 더 잘 이해시키기 위한 시각화 작업입니다.

십의 자리 덧셈만 해 보고, 일의 자리 덧셈만 해 본 다음 십의 자리와 일의 자리를 모두 포함하는 덧셈 순으로 아이를 이끌어 주세요.

우선 일의 자리가 0인 수와 일의 자리가 0이 아닌 수의 덧셈부터 시작하세요. 10+24, 60+18 등이 그런 수식입니다.

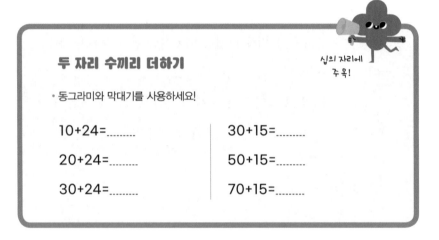

두 자리 수끼리 더하기

• 동그라미와 막대기를 사용하세요!

10+24=........   30+15=........

20+24=........   50+15=........

30+24=........   70+15=........

십의 자리에 주목!

문제 세트를 푸는 과정을 아이가 그림으로 표현하게 하세요. 다음 쪽의 그림은 왼쪽 문제 세트를 풀면서 그림으로 나타낸 예시입니다. 아이가 문제를 이렇게 풀게 하세요.

그림으로 그리다 보면, 왜 십의 자리 수는 십의 자리 수끼리 더해야 하는지 직관적으로 이해하게 됩니다. 딱 봐도 막대기와 동그라미를 더할 수 없으니까요. 아이들은 종종 23+54를 2+5와 3+4로 생

$$\underline{\hspace{2cm}} + \underline{\hspace{1.5cm}}_{....} = \underline{\underline{\hspace{1.5cm}}}_{....} = 34$$

$$\underline{\underline{\hspace{1.5cm}}} + \underline{\hspace{1cm}}_{....} = \underline{\underline{\underline{\hspace{1.5cm}}}}_{....} = 44$$

$$\underline{\underline{\underline{\hspace{1.5cm}}}} + \underline{\hspace{1.5cm}}_{....} = \underline{\underline{\underline{\underline{\hspace{1.5cm}}}}}_{....} = 54$$

각하고 계산하기도 해서, 우선 십의 자리 개념부터 정확히 인지시 키기 위해 일의 자리를 더하는 경우를 뺐어요.

그 다음에는 두 자리 수와 한 자리 수를 더하는 법을 배우는데요. 이를 통해 일의 자리 수는 일의 자리 수끼리 더해야 함을 직관적으로 이해하게 됩니다. 다음 문제들을 동그라미와 막대기를 그려 해결하 게 유도하세요.

이 문제들의 목표는, 일의 자리 수가 10보다 커지면 왜 십의 자릿

두 자리 수 + 한 자리 수 덧셈하기

십의 자리가 변할까요?

• 동그라미와 막대기를 사용하세요!

25+4=........	12+5=........	36+3=........	34+6=........
25+5=........	22+5=........	36+4=........	44+7=........
25+6=........	32+5=........	36+5=........	54+8=........

값이 1만큼 더 커지는지를 이해하는 거예요. 어른의 시각에서는 이 부분이 당연하지만, 어림이나 추론이 아닌 수식으로 처음 받아올림 계산을 해야 하는 아이들 입장에서는 매우 어려운 개념이거든요. 그렇기 때문에 그림을 그려 해결하는 연습이 중요한 거예요.

$$\equiv + ... = \equiv = 39$$

$$\equiv + ... = \equiv = 40$$

$$\equiv + ... = \equiv = 41$$

왼쪽에서 세 번째 문제 세트를 푸는 예시예요. 동그라미 10개가 모여 막대 하나를 이루게 돼요. 일의 자리에 동그라미가 10개가 모였을 때 막대기로 변하는 체험 그 자체가 중요합니다. 물론 문제 세트를 보며, 십의 자리나 일의 자리가 변함에 따라 전체 값이 어떻게 변해 가는지 눈으로 직접 확인하는 과정도 중요하죠.

아이가 잘 따라왔다면, 마지막으로 두 자리 수 + 두 자리 수 연습을 시켜 주세요. 받아올림이 없는 문제부터 시작해 받아올림이 있는 문제로 마무리하세요.

대뜸 수식으로 먼저 풀었다면 십의 자리와 일의 자리 덧셈이 한 번에 일어나서 아이가 어렵다고 느낄 수 있지만, 동그라미와 막대를 활용하면 쉽게 풀어 나갈 거예요.

쉬운 두 자리 수 + 두 자리 수 덧셈하기

받아올림이
있을 수도?

• 두 자리 수 덧셈을 해 보세요!

23+16=____	21+25=____	42+27=____	34+16=____
33+16=____	21+35=____	32+28=____	44+27=____
43+16=____	21+45=____	22+29=____	54+38=____

=69

= 60

=51

같은 자리 수끼리 더하기

이제 막대와 동그라미 이미지를 쓰지 않고, 오직 수식만으로 해결하는 연습을 시킵니다. 이미 한국에서도 많이 하는 방식이죠.

다음과 같은 세 칸짜리 상자를 이용해 문제를 풀어요. 가장 위 칸에는 십의 자리끼리만 더하는 수식을 쓰고, 중간에는 일의 자리끼리 더하는 수식을 씁니다. 그렇게 나온 두 답을 더해 답을 찾아냅니다.

17+28= ?

10+20=**30**	
7+8=**15**	
30+15=**45**	

그림이 빠졌을 뿐 첫 번째 방법과 원리가 동일해요. 이미 아이는 동그라미와 막대기 그림으로 원리를 완전히 이해한 상태이기 때문에, 별다른 설명 없이도 척척 계산해 나갈 거예요. 첫 번째 방법을 익힐 때는 자세하게 쪼개서 가르쳤지만, 이 단계에서는 받아올림이 없는 덧셈에서 받아올림이 있는 덧셈 순으로 이끌어 주면 됩니다.

이때 암산을 하기보다는 아이가 과정식을 쓰며 풀도록 지도하세요. 직접 눈과 손을 움직여 봐야 머릿속에 제대로 입력되거든요.

참 쉽죠?

두 자리 수 + 두 자리 수 덧셈하기

• 받아올림이 없어요!

35+44=**79**	27+12=_____	56+33=_____	30+11=_____
30+40=**70**			
5+4=**9**			
70+9 =**79**			

두 자리 수 + 두 자리 수 덧셈하기

• 받아올림이 있어요!

25+47=**72**	38+15=........	64+38=........	53+29=........
20+40=**60**			
5+7=**12**			
60+12=**72**			

문제 박스를 이용해 풀면, 구체물이나 그림의 도움 없이도 왜 일의 자리 합이 10보다 커지면 십의 자리에 1을 더해야 하는지 이해하게 됩니다.

수직선 이용하기

세 번째, 수직선을 이용하는 방법입니다. 바로 뒤에 배울 네 번째 방법인 10을 이용한 더하기를 시각적으로 이미지화해 이해하는 과정이죠. 두 가지 방법이 있으며, 이를 17+28을 예로 설명할게요.

첫 번째는 '=10'이에요. 더하는 수 중 하나를 가장 가까운 10의 배수로 만들기 위해 다른 수를 쪼개는 방법입니다. 17을 20으로 만들기 위해 28을 3과 25로 쪼개고 3을 17에 더해 20으로 만들어 줍니다. 그 다음 남은 25를 마저 더해 주는 거죠. 수식으로 표현하면

17+28=17+3+25=20+25=45입니다. 다소 복잡해 보이는데, 이를 수직선상에서 숫자로 살펴보면 아주 쉽게 이해할 수 있어요. 다음과 같이 표현할 수 있지요.

두 번째는 'with 10'이에요. 더하는 수 중 하나를 가장 가까운 10의 배수로 바꿔서 더하고, 나중에 10의 배수를 만들기 위해 사용했던 수만큼 빼는 방법입니다. 즉 17+28에서 28 대신 30을 더하고 나중에 2를 빼는 것으로, 10의 배수를 일종의 어림으로 사용하는 거죠. 수식으로 표현하면 17+28=17+30-2=47-2=45예요.

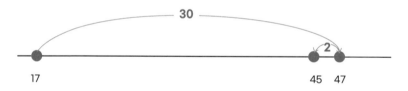

두 방법 모두 어딘가 낯이 익지 않나요? 앞에서 이미 배운 방법에서 수의 범위만 확장한 거예요!

이 방법으로 받아올림이 없는 더하기를 연습하는 것은 의미가 없어요. 받아올림이 있는 더하기를 집중적으로 연습시키세요.

긴 수직선을 준비하세요. 어림의 시각화를 위한 도구이니 모든 수가 다 표기된 수직선이 아니라도 좋습니다. 하나의 문제를 =10과

with 10 두 가지 방법을 모두 사용해 계산하고 설명할 수 있도록 지도하세요.

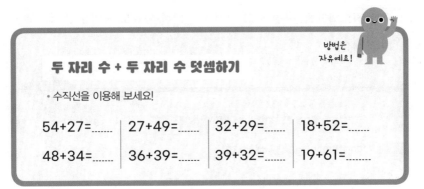

두 자리 수 + 두 자리 수 덧셈하기

• 수직선을 이용해 보세요!

| 54+27=...... | 27+49=...... | 32+29=...... | 18+52=...... |
| 48+34=...... | 36+39=...... | 39+32=...... | 19+61=...... |

방법은 자유예요!

10을 이용하기

네 번째는 바로 앞에서 배운 =10과 with 10을 수직선 없이 해결하는 단계예요. 독일에서는 두 자리 수 덧셈을 배울 때 10을 이용하는 것을 가장 중요하게 생각합니다.

다음과 같은 상자의 중간에는 더하는 수 중 하나를 10의 배수로 만드는 수식을 쓰고, 아래 칸에는 그렇게 계산한 수식에서 원래 답을 찾기 위해 수를 빼거나 더해 조절하는 과정을 적습니다.

=10	with 10
17+28=45	17+28=45
17+3=20	17+30=47
20+25=45	47-2=45

받아올림이 있는 두 자리 수 더하기를 집중적으로 연습시키되, 여기서부터는 두 방법 중 어느 것이 더 효율적일지 생각한 후 계산하도록 지도하세요. 아이가 그 방식을 선택한 이유도 물어보고 답하도록 하세요.

두 자리 수 + 두 자리 수 덧셈하기

• 받아올림이 있는 덧셈을 해 보세요!

| 37+19=...... | 29+54=...... | 48+15=...... | 66+28=...... |

| 23+37=...... | 39+33=...... | 57+28=...... | 46+49=...... |

가장 왼쪽 문제를 예로 들어 볼게요. 37과 19를 더할 때, 19를 20으로 만들고 37과 더해 57을 만들고 거기에서 1을 빼서 계산할 수도 있죠. (with 10) 한편 19를 3과 16으로 쪼개어 3을 37에 더해 40으로 만들고, 다시 16을 더해서 답을 찾을 수도 있습니다. (=10) 어떤 방법이 더 낫다고 생각했는지, 그 이유가 뭔지 물어보세요. 아이는 37이 더 큰 숫자라 그걸 40으로 만들어 복잡함을 줄이는 게 낫다고 생각할 수도 있고, 19가 37보다 10의 배수에 더 가까우니 19를 20으로 만드는 게 낫다고 판단할 수도 있습니다. 자유롭게 이야기를 나눠 보세요.

이 계산법은 앞으로 모든 자리의 수의 계산에 이용되는 방법으로, 수의 크기만 확장될 뿐 원리는 다 똑같아요. 따라서 이 방법이 충분히 익숙해질 때까지 연습시키세요. 반복적으로 연습하다 보면 어느새 두 자리 수끼리 더하는 정도는 거뜬히 암산으로 하는 날이 올 거예요!

100 이하
두 자리 수의 뺄셈

두 자리 수 덧셈을 배운 후 이어서 두 자리 수의 뺄셈을 배웁니다. 두 자리 수 뺄셈을 배우는 과정도 앞에서 배운 두 자리 수 덧셈과 동일해요.

첫 번째는 동그라미와 막대기 그림으로 연습하기, 두 번째는 같은 자리 수끼리 빼기, 세 번째는 수직선 활용하기, 네 번째는 10을 이용하기(=10과 with 10)입니다. 덧셈 때와 마찬가지로 첫 번째와 세 번째 방법은 각각 두 번째와 네 번째 방법을 배우기 위한 시각화 단계예요. 그러니 처음 개념을 배우는 단계에서는 첫 번째부터 네 번째 방법까지 순서대로 연습하고, 실제 연습 문제나 시험 문제를 풀 때는 두 번째 혹은 네 번째 방법 중 더 쉽게 풀 수 있는 방법으로 선택해 계산하라고 알려 주면 됩니다.

동그라미와 막대기 그림 이용해서 빼기

덧셈 때와 마찬가지로 구체물로 직접 뺄셈 상황을 만들어 보는 방법이에요. 막대 하나가 동그라미 10개인 걸 알고, 일의 자리끼리 뺄 때 막대 하나를 동그라미 10개로 바꾸는 연습을 하며 받아내림이 어떤 건지 손으로 체험하게 해요. 아이가 좋아하는 색의 색연필로 막대와 동그라미를 그리도록 지도하세요. 하지만 받아내림이 있는 뺄셈을 할 수 있기까지 몇 단계가 필요합니다.

우선 일의 자리가 0이 아닌 수와 일의 자리가 0인 수의 뺄셈부터 시작하세요.

두 자리 수 수끼리 빼기

일의 자리는 안 변해요!

• 동그라미와 막대기를 사용하세요!

33-20=.........	45-30=.........
43-20=.........	46-30=.........
53-20=.........	47-30=.........

이 과정을 통해 아이는 왜 십의 자리는 십의 자리끼리 빼야 하는지 직관적으로 이해하게 됩니다.

그 다음에는 두 자리 수에서 한 자리 수를 빼는 법을 배우는데요, 받아내림이 없는 뺄셈을 충분히 연습한 다음 받아내림이 있는 문제를 풀게 해 주세요.

두 자리 수 - 한 자리 수 뺄셈하기

• 동그라미와 막대기를 사용하세요!

십의 자리가
변할까요?

14-2=.........	18-5=.........	26-6=.........	57-7=.........
34-2=.........	48-5=.........	26-7=.........	67-8=.........
54-2=.........	78-5=.........	26-8=.........	77-9=.........

아이는 막대기 하나를 10개의 동그라미로 바꿔서 그리면서 받아
내림이 실제로 어떻게 이루어지는지 이해할 수 있습니다.

$$26 - 6 = \quad = 20$$

$$26 - 7 = \quad = 19$$

$$26 - 8 = \quad = 18$$

사실 아이들 입장에서 받아내림은 매우 어려운 개념입니다. 제대
로 이해했다기보다는 그렇게 계산하는 것으로 외운 경우가 더 많죠.
아이가 진짜로 이해할 수 있도록, 문제를 손으로 그리며 해결할 수
있도록 지도해 주세요.

이제 드디어 받아내림이 있는 두 자리 수 - 두 자리 수 연습이에 요. 분명 아이가 헷갈려하고 어려워할 겁니다. 이 문제들 역시 받아 내림이 없는 문제부터 받아내림이 있는 문제 순서로 구성되어 있어 요. 충분히 시간을 주고 연습하게 지도하세요.

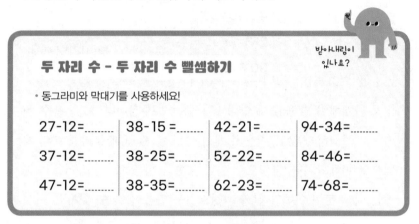

두 자리 수 - 두 자리 수 뺄셈하기

• 동그라미와 막대기를 사용하세요!

27-12=_____	38-15 =_____	42-21=_____	94-34=_____
37-12=_____	38-25=_____	52-22=_____	84-46=_____
47-12=_____	38-35=_____	62-23=_____	74-68=_____

받아내림이 있나요?

문제를 손으로 직접 그려 보면 바로 다음에 나오는 과정에서 숫자 앞에 뺄셈 기호가 붙은 개념을 이해할 수 있어요. 그러니 시간을 가 지고 인내심을 갖고 아이를 이끄세요.

같은 자리 수끼리 빼기

이제 막대와 동그라미 이미지를 쓰지 않고, 오직 수식만으로 해결해 보는 연습을 시킵니다.

다음과 같은 세 칸짜리 상자의 가장 위쪽 칸에는 십의 자리끼리만 빼는 수식을 쓰고, 중간에는 일의 자리끼리 빼는 수식을 씁니다. 그렇게 나온 두 답을 더해 답을 찾아내는 거죠. 이때 받아내림이 사용되는데, 42-13을 예로 들면 다음과 같아요.

42-13= ?

40-10=**30**
2-3=**-1**
30-1=**29**

전 단계에서 말한 숫자 앞에 -가 붙는 부분입니다. -1을 음수 개념으로 이해하지 않고, 작은 수에서 큰 수를 뺐을 때 부족한 수의 개념으로 이해합니다. 그림으로 이미 체험한 바 있죠. 사실 어른의 눈에는 이 부분이 이해가 갈까 걱정스러운 마음이 들 수 있지만, 아이들은 생각보다 쉽게 이 부분을 이해합니다. 또한 지금 이렇게 배워두면 훗날 음수를 배울 때 이해하기 훨씬 쉽겠죠?

우선 받아내림이 없는 문제부터 시작합니다. 한 문제씩 과정을 써가면서 연습하도록 지도합니다.

참 쉽죠?

두 자리 수 - 두 자리 수 뺄셈하기

• 받아내림이 없어요!

47-24=**23**	56-33=.........	63-11=.........	49-27=.........
40-20=**20**			
7-4=**3**			
20+3=**23**			

각 자리 수끼리 빼는 연습이 충분히 됐다면, 이제 받아내림이 있는 경우 계산하는 방법을 학습할 차례예요.

두 자리 수 – 두 자리 수 뺄셈하기

조금 복잡해요!

• 받아내림이 있어요!

32-13=**19**	44-26=.........	65-37=.........	76-48=.........
30-10=**20**			
2-3=**-1**			
20-1=**19**			

물론 아무리 아이가 음수를 직관적으로 이해한다 해도, 막상 뺄셈 과정을 아이가 알아들을 수 있게 말로 설명하는 건 좀 어려울 수 있어요. 아이에게 이 상황을 어떻게 설명하면 좋을까요? 첫 번째 문제를 예로 들어 볼게요.

"30에서 10을 빼면 20이야. 이건 알겠지. 그런데 일의 자리 수 2에서 3을 빼려니까 1이 부족하네. 그때는 1만큼 부족하다는 것을 표시하기 위해 1 앞에 빼기 기호를 쓰면 돼. 그럼 십의 자리끼리 계산한 값은 20이고 일의 자리끼리 계산한 값은 빼기 1이니까, 둘을 계산하면 20-1로 답은 19가 되네. 남은 문제도 이렇게 계산해 보자."

수직선 이용하기

앞서 덧셈과 마찬가지로, 10을 이용한 뺄셈을 이미지화하는 과정이에요. 이 역시 두 가지 방법이 있는데요. 어떻게 수직선으로 계산하는지 42-19를 예를 들어 설명하도록 하겠습니다.

첫 번째는 '=10'이에요. 앞선 수를 1차적으로 10의 배수로 만드는 방법이에요. 이미 10을 만들어서 빼는 방식을 배운 적이 있지요? 거기에서 자리 수만 늘어난 것이라고 생각하면 됩니다. 42를 10의 배수로 만들기 위해 19를 12와 7로 쪼갠 후 차례대로 빼 줍니다. 수식으로 쓰면 42-12-7=30-7=23이 되죠. 수직선으로 표현하면 다음과 같아요.

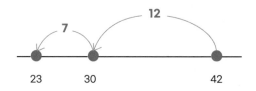

두 번째는 'with 10'이에요. 빼는 수의 일의 자리가 9나 8일 경우, 그 수를 자신보다 큰 10의 배수로 만들어 계산한 다음 10의 배수로 만들기 위해 사용했던 수만큼 다시 더해 해결하는 방법이에요. 수식으로 쓰면 42-19=42-20+1=22+1=23이 되죠. 수직선으로 표현하면 다음과 같아요.

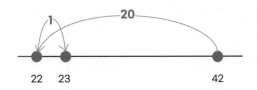

받아내림이 있는 뺄셈을 집중적으로 연습시키세요. 다음의 연습 문제를 아이와 함께 수직선에 표시하며 계산해 봅니다. 아이가 하나의 문제를 두 방법을 모두 사용해 계산하고 설명할 수 있도록 지도하세요.

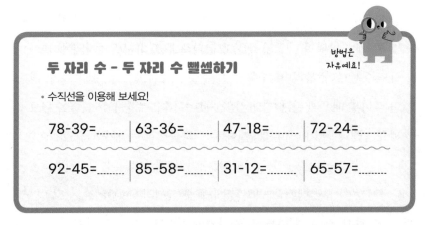

10을 이용하기

마지막으로 앞에서 배운 방법을 수직선 없이 수식만으로 해결하는 단계에 왔습니다.

다음과 같은 상자의 중간에는 더하는 수 중 하나를 10의 배수로 만드는 수식을 쓰고, 아래 칸에는 그렇게 계산한 수식에서 원래 답을 찾기 위해 수를 빼거나 더해 조절하는 과정을 적어 줍니다.

=10	with 10
42-19=23	42-19=23
42-12=30	42-20=22
30-7=23	22+1=23

처음에는 시간이 꽤 걸리지만, 조금만 익숙해지면 계산 속도가 빨라지고, 곧이어 암산으로도 가능해져요. 문제를 보면서, 앞서 배운 방법 중 어느 방법이 더 효율적일지 생각해 보고 하나만 선택해서 계산하도록 합니다. 특히 빼는 수가 9나 8일 경우 10의 배수를 이용한 어림은 이후 배우게 될 뺄셈 계산의 기본이 되므로 충분한 연습이 필요해요. 만약 아이가 어려워하면 다시 수직선으로 돌아가야 해요.

방법은
자유예요!

두 자리 수 – 두 자리 수 뺄셈하기

• 받아내림이 있는 뺄셈을 해 보세요!

33-19=14 | 94-37=_____ | 25-19=_____ | 66-28=_____

51-13=_____ | 48-29=_____ | 74-37=_____ | 82-66=_____

각 계산을 살펴보면서 그 방식을 선택한 이유를 질문하고, 아이가 대답하도록 유도하세요. 아이가 수에 대해 더 깊고 넓게 생각할 수 있도록 돕는 핵심적인 방법입니다.

예를 들어 33-19는 어떤 방법으로 계산하는 것이 더 효율적일까요? 19를 기준으로 삼아 20을 빼고 1을 더해서 계산할 수도 있고, 33을 기준으로 삼아 19를 13과 6으로 나눠서 33-13부터 계산하고 나머지 6을 다시 빼서 답을 찾을 수도 있어요. 그런데 19는 20과 1 차이밖에 나지 않아요. 빼고 더하는 수가 작을수록 계산하기 더 편리하니, 이 경우는 19를 20으로 만드는 게 더 수월해 보입니다. 아이와 많은 대화를 나누며 재미있게 풀어 나가세요.

5장

곱셈구구를
배워 보자

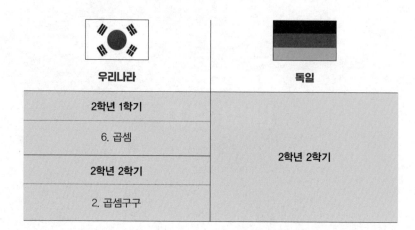

우리나라	독일
2학년 1학기	
6. 곱셈	**2학년 2학기**
2학년 2학기	
2. 곱셈구구	

많은 부모들이 집에서 수학을 가르치며 맞는 첫 고비가 곱셈구구입니다. 덧셈과 뺄셈까지는 일상생활에서 이미 많이 접해 본 상황인데, 곱셈은 그 개념도 살짝 낯설고 기호도 처음 보는 것이기 때문에 모든 아이들이 어려워해요. 곱셈은 개념적으로 덧셈뿐만 아니라 이후에 배우게 될 나눗셈과도 연계되어 있기 때문에 처음부터 제대로 잡아야 하는데, 많은 아이들이 그걸 힘들어합니다.

그런데 독일 아이들은 사칙연산 중 곱셈구구를 제일 쉽고 재미있게 배웁니다. 독일 교과서와 한국 교과서가 가장 차이를 보이는 부분이 곱셈구구라는 뜻이에요. 독일 교과서식으로 곱셈구구를 학습하면, 대부분의 아이들이 어려워하는 두 자리 수×두 자리 수 곱셈도 아주 쉽게 할 수 있어요. 이렇게 확신하는 이유는 저의 아이뿐만 아니라 저의 컨설팅을 받은 아이들 역시 획기적으로 쉽게 곱셈구구를 습득했기 때문입니다. 17×29와 같이 가로식으로 쓰여 있던 수식을 세로식으로 바꿔 써야만 간신히 계산하면서 그나마도 실수하던 아이들, 저의 컨설팅을 통해 독일 교과서식 곱셈을 접하고는 암산으로 척척 계산해 냈어요. 그걸 옆에서 지켜본 부모들은 감동을 받았죠. 그런 일이 우리 아이에게도 일어날까 싶은 생각이 든다면, 주의 깊게 읽어 보세요. 정말 쉽고 간단한 곱셈이 여기 있어요.

곱셈의 기본 개념을 이해해 보자

본격적으로 곱셈을 배우기 전부터, 즉 덧셈과 뺄셈을 배우고 있을 때도 일상생활에서 곱셈과 관련된 이야기를 자주 해 주길 바랍니다. 몇 개씩 한 단위로 묶여 있는 것들을 발견했을 때 자연스럽게 묶음의 개념을 알려 주는 것이죠. 예를 들면 세잎클로버를 보며 잎 3장이 한 묶음이고 세잎클로버 3개가 있으면 잎이 9장이라는 것을 알려 주고, 한 손에 손가락이 5개고 손이 2개면 손가락은 10개라고 알려 주면 됩니다. 피자를 먹으면서도 피자 한 판에 8조각씩 들어 있고, 피자를 3판 시키면 24조각의 피자가 생긴다고 말해 주고요. 이렇듯 일상에서 곱셈에 관한 이야기를 충분히 나눈 경험이 있으면, 아이들이 곱셈을 수식과 기호로 접했을 때 훨씬 쉽게 받아들일 수 있습니다.

묶어 세기 놀이

곱셈을 처음 배우는 아이들이 보다 친숙하게 받아들일 수 있도록 일상과 관련된 그림을 그리는 놀이를 아이와 함께 해 봅니다. 여기에서 중요한 건 덧셈식을 만들고 이를 곱셈으로 연결하는 것인데요. 묶어 세기의 개념이죠.

저는 아이와 함께 생일 파티를 준비하는 상황을 그리며 함께 이야기를 나눴어요. 실제로 아이의 생일이 얼마 남지 않아 더 몰입감 있게 놀 수 있었죠. 아이는 친구를 5명 초대한다고 계획했어요. 모두 6명이 파티에서 잘 놀려면 필요한 물건을 어떻게 꾸려야 하는지를 이야기했습니다. 파티에 필요한 물건들과 다양한 간식들 그림도 그리면서 말이죠.

"머핀은 몇 개 필요할까? (아이가 2개씩은 먹을 것 같다고 이야기하면) 그래, 6명한테 2개씩. 그러면 머핀이 몇 개나 필요할까? (아이와 함께 머핀을 사람 앞에 그린 후) 이걸 식으로 써볼까? (2+2+2+2+2+2=12를 종이에 적으며) 와, 너무 길다. 그렇지? 2 더하기 2 더하기 2 더하기 2 더하기 2 더하기 2는 12라고 쓰면 너무 불편하네. 그런데 2를 6번 더한 거잖아. 이것을 곱셈(×)을 이용해서 더 간단하게 나타낼 수 있어. (2×6=12를 쓰며) 이렇게 말이지. 2 곱하기 6은 12와 같다고 읽어. 이건 2를 6번 더하는 것과 같아. 그리고 12는 2의 6배야."

"초코 쿠키는 한 사람당 3개씩 필요하네. 그럼 모두 몇 개 준비해야 할까? 3개씩 한 묶음으로 6개 준비하자. (3+3+3+3+3+3=18을 종이에 적으며) 이것을 3×6=18로 나타낼 수 있어. 이제 네가 초코 쿠키 그림을 그려 줘."

"친구들이 과자를 2봉지씩 들고 오기로 했어. 생일 파티에 먹을 것이 진짜 많겠는걸? 친구들이 들고 오는 과자는 총 몇 봉지일까? 덧셈식으로 써볼 수 있겠어? (아이가 2+2+2+2+2=10을 쓰면) 자, 이제 이걸 곱셈을 이용해서 다시 써 볼까?"

"생일 파티에 필요한 풍선을 사려고 해. 풍선 12개가 필요한데, 마트에 갔더니 풍선을 3개씩 묶어서 팔고 있네. 풍선 묶음 몇 개를 사야 12개가 될까?"

아이가 곱셈식에 맞는 그림을 그리고, 식도 함께 쓰게 유도하세요. 머핀을 예로 들면, 아이가 직접 머핀을 2개씩 짝을 맞춰 6묶음으로 그리기 → 덧셈식으로 쓰기 → 곱셈식으로 치환하기의 단계를 거치게 합니다.

구슬, 포크, 꽃 등 소재는 무궁무진합니다. 이 책에서는 생일 파티를 예로 들었지만, 얼마든지 다른 상황을 예로 들어도 됩니다. 직접 그림을 그려 가면서 즐겁게 묶어 세기와 그에 따른 곱셈의 개념을 이해하도록 유도하세요. 아이가 좋아하는 소재, 일상 속에서 접할 수 있는 상황들을 활용하는 것만큼 효과적인 곱셈 공부는 없어요.

2+2+2+2+2+2=12

2×6=12

곱셈구구
기본값 익히기

곱셈구구를 위한 첫 단계에 들어왔습니다! 바로 곱셈구구 기본값을 인지하는 단계입니다. 곱셈구구의 기본값이란 각 단에서 1, 2, 5, 10을 곱한 값을 말해요. 이 수들은 10의 약수입니다.

이 단계에서 배우는 곱셈구구 기본값은 곱셈과 나눗셈 계산에 있어 핵심적인 역할을 합니다. 곱셈의 기본 개념을 다지게 돕고, 각 단 사이의 관계를 이어 줍니다. 또 곱셈구구를 만만하게 만듭니다. 처음부터 2단 전체를 접하면, 아이들은 '아 어렵다. 너무 많다!'라고 느끼기 쉬워요. 반면 각 단에서 1, 2, 5, 10을 곱한 값을 먼저 익히면 '생각보다 할 만한데? 어렵지 않은데?' 하고 받아들이죠.

마지막으로 곱셈구구 기본값은 시험에서 곱셈구구가 생각나지 않을 때, 1 곱한 값부터 외워서 찾지 않아도 그 값을 찾아갈 수 있게 돕는 길잡이 역할을 합니다. 이 부분은 앞으로 더 자세히 설명하겠습니다.

　다음은 곱셈구구 기본값 표입니다. 한 단씩 잘라 준비하세요. 1단
과 10단 기본값을 익히는 과정을 통해, 기본값 표를 활용해 곱셈구

곱셈구구
기본이구나!

1단 기본값	10단 기본값	5단 기본값	2단 기본값	4단 기본값
1×1=1	10×1=10	5×1=5	2×1=2	4×1=4
1×2=2	10×2=20	5×2=10	2×2=4	4×2=8
1×5=5	10×5=50	5×5=25	2×5=10	4×5=20
1×10=10	10×10=100	5×10=50	2×10=20	4×10=40
1×1=1	1×10=10	1×5=5	1×2=2	1×4=4
2×1=2	2×10=20	2×5=10	2×2=4	2×4=8
5×1=5	5×10=50	5×5=25	5×2=10	5×4=20
10×1=10	10×10=100	10×5=50	10×2=20	10×4=40

8단 기본값	3단 기본값	6단 기본값	9단 기본값	7단 기본값
8×1=8	3×1=3	6×1=6	9×1=9	7×1=7
8×2=16	3×2=6	6×2=12	9×2=18	7×2=14
8×5=40	3×5=15	6×5=30	9×5=45	7×5=35
8×10=80	3×10=30	6×10=60	9×10=90	7×10=70
1×8=8	1×3=3	1×6=6	1×9=9	1×7=7
2×8=16	2×3=6	2×6=12	2×9=18	2×7=14
5×8=40	5×3=15	5×6=30	5×9=45	5×7=35
10×8=80	10×3=30	10×6=60	10×9=90	10×7=70

수학원리를 제대로 배운 아이는 쉽게 계산합니다

구를 가르치는 방법을 알려 드리겠습니다.

1단과 10단 기본값 익히기

1단 기본값 표를 준비하고, 1단의 기본값부터 설명해 주세요. 다음과 같이 말이죠.

"1이 1개면 1이고, 1이 2개면 2고, 1이 5개면 5고, 1이 10개면 10이야. 그리고, 잘 봐. 앞뒤 수를 뒤집어도 똑같아. 2가 1개여도 2고, 5가 1개여도 5고, 10이 1개여도 10이야."

$1×1=1$
$1×2=2$
$1×5=5$
$1×10=10$

$1×1=1$
$2×1=2$
$5×1=5$
$10×1=10$

이야기를 들으며 기본값 표를 본 아이는 어떻게 반응할까요? 백이면 백, 이런 반응을 보일 겁니다.

"에이 이게 뭐야? 너무 쉽잖아!"

바로 이게 목적이에요. 이렇게 쉬운 기본값을 통해 아이에게 중요한 개념을 전달하는 것이지요. 덧셈과 마찬가지로, 앞뒤 수가 바뀌어도 값이 그대로라는 교환법칙입니다.

1단을 잘 이해했다면, 이후 10단의 기본값을 보여 줍니다.

"이제 10단을 볼까? 10이 1개면 10이야. 10이 2개면 20이고, 10이 5개

면 50이고, 10이 10개면 100이야. 1단과 마
찬가지로 앞뒤 수를 바꾸어도 그 값이 같아."

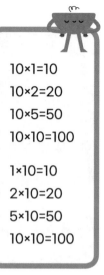

10×1=10
10×2=20
10×5=50
10×10=100

1×10=10
2×10=20
5×10=50
10×10=100

1단은 당연하다고 생각해서 잘 따라왔는
데, 자리 수가 커졌다고 어려워할 수도 있습
니다. 특히 곱셈의 교환법칙을 이해하기 힘
들어할 수 있죠. 앞서 배운 덧셈의 교환법칙
은 어느 정도 직관적으로 이해 가능하지만,
곱셈의 교환법칙을 이해하기는 꽤나 어려운
일입니다. 그러니 간단하게 묶어 세는 그림을 그리거나, 구체물을
사용해 직접 만지게 하거나, 스티커를 붙이는 활동을 하게 해 10단
의 의미를 충분히 익히게 해 주세요. 큰아이의 경우 10개씩 들어 있
는 지구 젤리 1상자가 1개 있는 것과, 하나씩 낱개 포장되어 있는 것
이 10개가 있는 경우를 예를 들어 설명했습니다. 어느 경우나 먹을
수 있는 젤리의 개수는 10개로 동일함을 알려 주자 쉽게 이해를 하
더군요.

지구 젤리 1박스 = 10개

○○○○○○○○○○ 10×1 =10   1×10 =10

○○○○○○○○○○ 10×2 =20   2×10 =20
○○○○○○○○○○

지구 젤리 1개씩

1단과 10단의 기본값을 각각 익힌 후, 두 기본값 표를 나란히 두세요. 그런 다음 1단과 10단 기본값을 비교하게 하세요.

"우선 1×1=1과 10×1=10을 비교하면 어떤 게 보여? 무엇이 다를까? 뒤의 수가 똑같은데 앞의 수가 1과 10으로 다르네. 덧셈에서는 1+1은 2였고 10+1은 11이었잖아. 그런데 곱셈에서는 앞 혹은 뒤의 수가 10이 커지면, 값도 10배나 커지는 것을 알 수 있어. 2×1=2과 2×10=20을 비교하면 어떨까? 앞의 수는 똑같은데 뒤의 수가 10배 커졌더니, 답이 10배 커졌네."

이런 비교는 중요한 곱셈의 원리를 알게 해 줍니다. 덧셈에서는 덧셈 기호 왼쪽 혹은 오른쪽 수가 10이 커지면 값이 10만큼 커졌던 것과 달리, 곱셈에서는 앞 혹은 뒤의 수가 10이 커지면 값이 10배가 커진다는 사실을 인지하게 하는 거죠. 즉 곱하기는 그냥 더하기와 달리 '거듭 더하기'라는 것을 깨닫게 합니다. 가장 간단하고 쉬운 수를 통해서요. 심화나 사고력 수학 문제에 매우 빈번하게 활용되는 개념인 만큼 아이가 잘 이해할 수 있도록 합니다.

기본값 표를 활용하는 과정을 다시 간략하게 정리하면 다음과 같습니다.

·기본값 표와 구체물을 통해 몇의 몇 배로 곱셈을 이해하기(곱셈은 앞의 수를 뒤의 수만큼 거듭 더하는 것이다 / 앞의 수 묶음이 뒤의 수만큼 있는 것이다)
·기본값 표의 상단과 하단을 비교하고, 구체물 혹은 그림을 함께 활용해 교환법칙 이해하기(곱하는 수의 앞뒤를 바꿔도 값은 똑같다)
·연관성이 있는 다른 기본값 표와 비교하며 관계 익히기($a \times b$와 $a \times (b+n)$을 비교하면, 결과값은 후자가 전자보다 $a \times n$만큼 크다. 즉 n번만큼 더 더했다)

9단을 제외한 모든 단의 기본값을 익힐 때, 이 순서대로 진행하면 됩니다. 앞으로 어떤 순서로 기본값을 익히는지 간략하게만 설명할게요.

5단 기본값 익히기

이어서 5단의 기본값을 익힙니다. 이 과정에서도 바둑돌이나 사탕 같은 구체물, 혹은 스티커를 이용하면서 시각적으로 함께 확인하면 더 쉽게 이해할 수 있습니다.

그 후 5단과, 앞서 배운 10단의 기본값을 비교해 봅니다. 5단의 기본값이 10단의 기본값보다 반이 작다는 사실과 10단의 기본값이 5단의 기본값보다 2배 많다는 사실을 함께 확인하세요. 당연하죠. 5는 10의 반이니까요! 5단의 기본값이 10단보다 반만큼 작으므로, 답도 10단의 반이라는 걸 이해하는 게 핵심이에요. 만약 아이가 이해하기 어려워한다면 앞서 4장에서 진행했던 뛰어 세기로 돌아가야 합니다. 5씩 2번 뛰어 세면 10씩 뛰어 센 것과 같다는 것을 다시 떠올리게 하는 거죠.

2단, 4단, 8단의 기본값 익히기

아이에게 2단 기본값 표를 보여 주며 2단 기본값을 익히게 합니다. 2단 기본값 역시 뛰어 세기에서 이미 경험했으니 큰 어려움 없이 잘 따라올 것입니다. 물론 그림, 스티커, 구체물 체험으로 익히는 것은 중요하니 꼭 하길 바랍니다. 그 후 1단 기본값 표와 비교하여 2단은 2배가 많다는 것을 확인합니다.

이 후 4단 기본값 표를 함께 보며 4단 기본값을 익히게 하세요. 그런 다음 2단 기본값과 4단 기본값 표를 나란히 비교하며 2단과 4단의 관계를 인지합니다. 아이가 이 비교의 의미를 잘 이해하지 못하면, 2단보다 4단이 2배 많다는 사실을 콕 집어 주세요.

이제 2의 4배이자 4의 2배인 8단의 기본값을 표와 함께 익힙니다.

그런데 보통 아이들은 8단 기본값부터 조금 힘들어할 수 있습니다. 수가 왠지 복잡해 보이기 때문이죠. 아이가 힘들어하더라도 당황하지 말고 아이를 달래 주세요.

"4단보다는 조금 어려워진 것 같지? 그럴 수 있어. 근데 익혀야 할 게 4개밖에 안되네? 게다가 8×1과 8×2, 8×10은 쉽잖아. 8×5가 문젠데, 이건 5가 8개씩 있는 걸로 생각해 볼래? 쉽게 이해할 수 있어."

이렇게 익혀야 할 수가 몇 개 되지 않는다는 것을 꼭 집어 말해 주고 쉽게 인지할 수 있는 방법을 알려 주면 아이가 느끼는 부담감이 한결 줄어들어요.

그런 다음 4단 기본값과 비교하며 8단과 4단의 관계를 인지합니다.

3단, 6단의 기본값 익히기

이제 3단과 6단의 기본값을 차례로 배운 후, 두 단의 기본값을 나란히 두고 값을 비교합니다. 3단과 6단도 앞의 단계에서 뛰어 세기를 통해 이미 알고 있는 값입니다.

만약 이 단계에서 아이가 어려워한다면, 앞에서와 같이 그림을 그리거나 바둑알과 같은 구체물을 활용하여 직접 눈으로 확인해 가며 값을 인지하는 것이 좋습니다. 앞에서 진행한 3칸씩, 6칸씩 뛰어 세는 것을 다시 한 번 해 보는 것도 좋습니다.

9단의 기본값 익히기

이제 9단의 기본값을 배울 차례입니다. 그런데 다른 단과 달리, '10단을 기준으로 1을 뺀 값'이라는 개념으로 인지합니다. 제가 구구단을 외울 때 정말 어려운 단이 9단이었는데, 이 방법으로 배운 아이는 9단을 정말 쉬운 단으로 꼽았습니다.

처음부터 9단 기본값 표와 함께 10단 기본값 표를 나란히 둡니다. 그리고 9와 10에 1, 2, 5, 10 곱한 값을 하나하나 비교해 가며 아이와 이야기를 나눕니다.

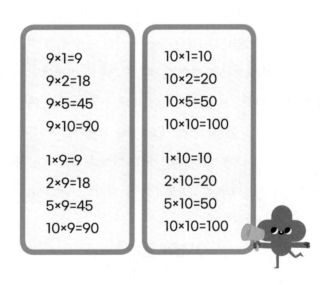

9×1=9　　　　10×1=10
9×2=18　　　 10×2=20
9×5=45　　　 10×5=50
9×10=90　　　10×10=100

1×9=9　　　　1×10=10
2×9=18　　　 2×10=20
5×9=45　　　 5×10=50
10×9=90　　　10×10=100

"10×1은 뭐였지? 10! 9×1은 9과 같으니까 10×1보다 1 작은 값이네."

이때 아이와 함께 직접 식을 손으로 써 보거나, 혹은 구체물을

10개씩 2묶음을 놓고 거기에서 하나씩 빼서 9개씩 2묶음으로 만드는 과정을 거치면 훨씬 이해가 빠릅니다. 이걸 식으로 쓰면 다음과 같아요.

$$9 \times 1 = 10 - 1$$
$$9 \times 2 = 20 - 2 = 18$$
$$9 \times 5 = 50 - 5 = 45$$
$$9 \times 10 = 100 - 10 = 90$$

왜 9단만 이렇게 10단을 기준으로 설명하는 걸까요? 이 역시 어림을 위한 장치입니다. 앞서 곱셈이 앞의 수를 뒤의 수만큼 거듭 더했다는 사실은 충분히 익혔죠. 9단도 그렇게 설명해도 되지만, 여기서 10단을 기준으로 익히게 함으로써 추후 어림을 이용한 빠른 연산을 할 수 있도록 해 주는 거죠. 예를 들어 321×9라는 복잡한 식도 $(321 \times 10) - (321 \times 1) = 3210 - 321 = 2889$로 간단하게 계산할 수 있습니다. 어림을 배우고 활용할수록 수 감각은 예리해집니다.

기본값 문제 익히기

지금까지의 과정을 통해서 아이들의 머릿속에 곱셈구구에 대한 뼈대가 세워졌습니다. 특히 낯설었던 곱셈을 덧셈과 연결해 이해하면서 곱셈 수식 자체에 많이 익숙해졌을 거예요. 어른들이 생각하는 것보다 아이들은 새로운 것에 익숙해지는 데 시간이 많이 필요합니다. 제대로 적응하기도 전에 다량의 관련 정보가 들어오면 부담스럽게 느끼죠. 그런데 1에서 10단까지 1, 2, 5, 10을 곱한 기본값만 먼저 익히게 되면 덜 부담스러우면서 곱셈의 특징을 비롯하여 각 단 간의 관계를 조금 더 명확하게 인지할 수 있어요.

중요한 것! 이 단계에서 7단은 하지 않습니다. 곱셈을 직접 가르치다 보면 아이들이 가장 힘들어하는 부분이 바로 7단입니다. 그런데 7단은 곱셈의 가장 마지막 단계에 저절로 알게 될 것이니 걱정말고 다음으로 넘어갑니다.

본격적인 곱셈구구를 배우기 앞서, 지금까지 익힌 기본값들을 다음 쪽의 문제로 확인하게 하세요. 문제의 답을 쓰고 동그라미에 그어진 선을 확인하며 곱셈의 양을 직접 눈으로 확인합니다. 7단을 제외한 1단부터 10단까지 문제를 내 주고 풀게 하세요.

기본값 적어 보기

• 동그라미에 그어진 선을 보며 곱셈구구를 계산해요!

● 1×1=   ●● 2×1=   ●●● 3×1=

● 1×2=   ●● 2×2=   ●●● 3×2=

●   ●●   ●●●

●   ●●   ●●●

● 1×5=   ●● 2×5=   ●●● 3×5=

●   ●●   ●●●

●   ●●   ●●●

●   ●●   ●●●

●   ●●   ●●●

● 1×10=   ●● 2×10=   ●●● 3×10=

●●●● 4×1=   ●●●●● 5×1=

●●●● 4×2=   ●●●●● 5×2=

●●●●   ●●●●●

●●●●   ●●●●●

●●●● 4×5=   ●●●●● 5×5=

●●●●   ●●●●●

●●●●   ●●●●●

●●●●   ●●●●●

●●●●   ●●●●●

●●●● 4×10=   ●●●●● 5×10=

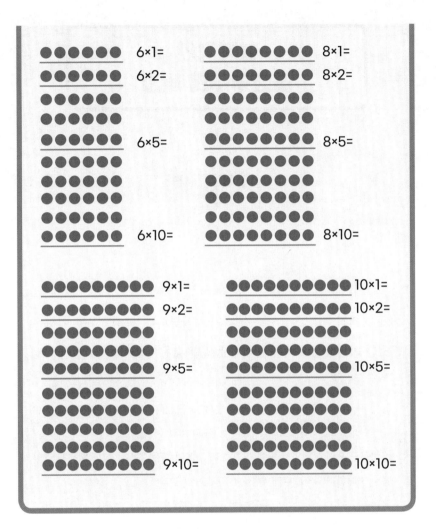

6×1=
6×2=

6×5=

6×10=

8×1=
8×2=

8×5=

8×10=

9×1=
9×2=

9×5=

9×10=

10×1=
10×2=

10×5=

10×10=

본격적인 곱셈구구의 세계

이제 본격적으로 1~10단을 배우기 시작합니다. 곱셈구구를 익히는 순서는 기본값을 익히는 순서와 동일합니다.

· 곱셈구구 표와 구체물을 통해 몇의 몇 배로 곱셈을 이해하기(곱셈은 앞의 수를 뒤의 수만큼 거듭 더하는 것이다 / 앞의 수 묶음이 뒤의 수만큼 있는 것이다)
· 곱셈구구 표의 상단과 하단을 비교하고, 구체물 혹은 그림을 함께 활용해 교환법칙 이해하기(곱하는 수의 앞뒤를 바꿔도 값은 똑같다)
· 연관성 있는 다른 곱셈구구 표와 비교하며 관계 익히기($a \times b$와 $a \times (b+n)$을 비교하면, 결과값은 후자가 전자보다 $a \times n$만큼 크다, 즉 n번만큼 더 더했다)

그런데 여기에 수직선이라는 도구와 새로운 유형의 문제 풀이가 추가됩니다. 수직선은 앞서 배운 뛰어 세기의 연장선인데요. 곱셈구구에 대한 이해를 한층 풍부하게 해 주는 훌륭한 도구입니다. 수직선을 그리는 법은 2단에서 다시 설명하겠습니다.

시중에 있는 곱셈구구 표 중 1단부터 10단까지 따로 나와 있는 것을 구해, 한 단씩 아이에게 보여 줄 수 있게 자르세요. 다 준비되었다면, 1단과 10단부터 전체 곱셈구구를 익히도록 할까요?

1단	2단	3단	4단	5단
1×1=1	2×1=2	3×1=3	4×1=4	5×1=5
1×2=2	2×2=4	3×2=6	4×2=8	5×2=10
1×3=3	2×3=6	3×3=9	4×3=12	5×3=15
1×4=4	2×4=8	3×4=12	4×4=16	5×4=20
1×5=5	2×5=10	3×5=15	4×5=20	5×5=25
1×6=6	2×6=12	3×6=18	4×6=24	5×6=30
1×7=7	2×7=14	3×7=21	4×7=28	5×7=35
1×8=8	2×8=16	3×8=24	4×8=32	5×8=40
1×9=9	2×9=18	3×9=27	4×9=36	5×9=45
1×10=10	2×10=20	3×10=30	4×10=40	5×10=50

6단	7단	8단	9단	10단
6×1=6	7×1=7	8×1=8	9×1=9	10×1=10
6×2=12	7×2=14	8×2=16	9×2=18	10×2=20
6×3=18	7×3=21	8×3=24	9×3=27	10×3=30
6×4=24	7×4=28	8×4=32	9×4=36	10×4=40
6×5=30	7×5=35	8×5=40	9×5=45	10×5=50
6×6=36	7×6=42	8×6=48	9×6=54	10×6=60
6×7=42	7×7=49	8×7=56	9×7=63	10×7=70
6×8=48	7×8=56	8×8=64	9×8=72	10×8=80
6×9=54	7×9=63	8×9=72	9×9=81	10×9=90
6×10=60	7×10=70	8×10=80	9×10=90	10×10=100

우선 아이에게 1단 곱셈구구 표를 보여 주고 전체를 익히게 하고, 그다음 10단 곱셈구구 표를 보여 주고 전체를 익히게 합니다. 그런 다음 1단과 10단 곱셈구구 표를 나란히 놓고 비교하면서 어떤 관계가 있는지 설명하도록 합니다. (1×3은 3인데, 10×3은 30이죠?)

1단과 10단을 익힌 아이들의 눈에는 자신감이 가득할 거예요. 왜냐하면 8단, 6단, 9단 기본값을 배우면서 자신감을 조금 잃었는데 1과 10이라는 기본값을 바탕으로 한 곱셈구구는 딱 봐도 쉽거든요. '할 만한데?' 하는 생각을 하게끔 기운을 북돋아 주세요!

그렇게 1단과 10단으로 자신감을 충전한 아이들에게 이제 본격적으로 곱셈구구 전체를 가르쳐야 합니다. 이제 2단, 4단, 8단을 가르쳐 볼까요?

2단, 4단, 8단 그리고 3단, 6단

1단과 10단은 아이가 직관적으로 보면 알지만, 2단부터는 정신이 아득해지기 시작합니다. 따라서 반드시 그림을 그리거나 구체물로 직접 확인하는 과정을 거치게 해 주세요. 독일 초등학교에서는 둥근 플라스틱 단추 수십 개를 집으로 보내 줍니다. 숙제를 할 때, 직접 손과 눈으로 단추를 놓아 가며 수를 확인하라고 유도하죠.

우선 곱셈구구 표를 보고 단추 혹은 그림으로 주어진 수식을 표현하게 하세요. 2×1을 단추 두 개를 한 줄로 놓아 표현하게 하는 거죠. 그런 다음 그걸 덧셈식으로 바꿔서 써 보게 하세요. 이렇게 했으면,

단추를 치우지 말고(이게 중요해요!) 2×1=2 단추 옆에 2×2=4에 해당하는 단추를 놓고 식으로 쓰게 지도하세요. 이 과정을 2단 전체에 걸쳐 진행하게 하세요. 아이는 2개씩 늘어나는 단추를 보며 곱셈의 원리를 익히게 됩니다.

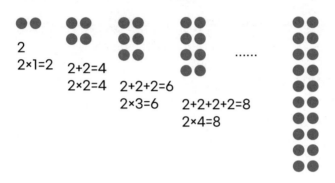

그 다음, 단추를 치우고 다음과 같은 수직선을 준비하세요. 2단을 표현하는 수직선인데 1, 2, 5, 10 기본값만 표시된 특별한 모양이에요.

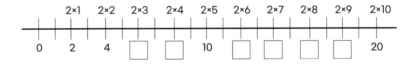

아이가 배워야 할 것은, 기본값과 수직선을 활용해 다른 곱셈값을 추론하여 빈칸을 채우는 법입니다. 아이의 머릿속에서 2×3은 2×2

보다 2가 한 번 더 더해진 값이고, 2×4는 2×5보다 2가 작은 값이라는 사실이 잡혀야 하죠. 그런데 이걸 그냥 수식으로만 추론하라고 하면 너무 어렵고 구체물은 직관적이기 때문에 논리적인 계산이 이루어지지 않아요. 그렇기 때문에 수직선으로 연습하는 거예요.

아이가 수직선 위에 화살표를 그리기도 하고, 더할 수를 적어 보기도 하고, 점도 찍어 보면서 자유롭게 생각하고 추론하도록 하세요.

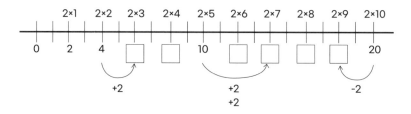

이렇게 기본값을 이용해 다른 곱셈구구값을 추론해 나가는 방법은 아이들이 곱셈구구를 완벽히 외우지 못했을 때 당황하지 않고 답을 찾아갈 수 있는 길을 알려 줍니다. 뿐만 아니라 지금 배우는 추론 방식은 이후에 배우게 될 더 복잡한 곱셈 연산의 바탕이 되니 꼭 숙지하게 하세요.

여기까지 아이가 잘 따라왔다면, 이제 4단을 배울 차례입니다. 4단 역시 배우는 과정은 2단과 비슷해요.

우선 구체물로 곱셈을 표현하고 이를 덧셈식과 곱셈식으로 각각 써 보게 하세요.

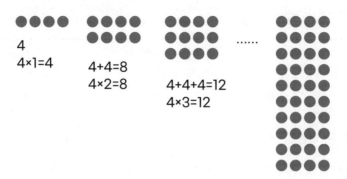

4
$4×1=4$

$4+4=8$
$4×2=8$

$4+4+4=12$
$4×3=12$

......

$4+4+4+4+4+4+4+4+4+4=40$
$4×10=40$

다음 수직선으로 답을 추론하는 과정 전에, 4단과 2단을 비교하도록 해 주세요. 이미 기본값을 익히는 과정에서 알게 된 사실이지만 다시 명확하게 인지하도록 지도하는 거죠. 2단 표와 4단 표를 나란히 두고 하나하나 숫자를 비교해 보면서 4단이 2단보다 2배 많다는 사실을 직접 확인하도록 합니다.

$2×1=2$	$4×1=4$
$2×2=4$	$4×2=8$
$2×3=6$	$4×3=12$
$2×4=8$	$4×4=16$
$2×5=10$	$4×5=20$
$2×6=12$	$4×6=24$
$2×7=14$	$4×7=28$
$2×8=16$	$4×8=32$
$2×9=18$	$4×9=36$
$2×10=20$	$4×10=40$

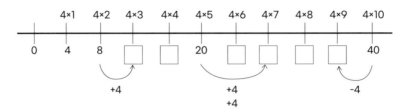

그 후, 기본값 이외의 값을 수직선을 이용해 찾으세요.

2단과 4단을 통해 곱셈구구 전체를 익히는 방법을 알려 드렸습니다. 나머지 단들 역시 동일하게 진행하면 됩니다.

8단도 구체물로 놓고 수식을 써 보고, 8단과 4단을 비교해 가며 가르치세요. 그런 다음 기본값 외의 답이 빠진 수직선을 준비해 추론하도록 지도하세요.

3단도 마찬가지입니다. 3단 전체를 구체물이나 그림으로 인지하고 덧셈식으로 써 보고, 수직선 연습을 하세요. 6단 역시 구체물이나 그림으로 인지하고 덧셈식으로 써 봅니다. 그 다음 3단과 6단을 나란히 비교해 가며 인지한 후, 수직선 연습을 합니다.

간단하게 정리하면 다음과 같아요. 순서는 2단, 4단, 8단, 3단, 6단 순으로 진행합니다.

단	1단계	2단계	3단계
2단	구체물을 놓고 덧셈식과 곱셈식으로 쓰기		수직선에서 기본값을 이용해 다른 값 찾기
4단	구체물을 놓고 덧셈식과 곱셈식으로 쓰기	2단 표와 나란히 놓고 비교하기	수직선에서 기본값을 이용해 다른 값 찾기

8단	구체물을 놓고 덧셈식과 곱셈식으로 쓰기	4단 표와 나란히 놓고 비교하기	수직선에서 기본값을 이용해 다른 값 찾기
3단	구체물을 놓고 덧셈식과 곱셈식으로 쓰기		수직선에서 기본값을 이용해 다른 값 찾기
6단	구체물을 놓고 덧셈식과 곱셈식으로 쓰기	3단 표와 나란히 놓고 비교하기	수직선에서 기본값을 이용해 다른 값 찾기

9단 전체값 익히기

9단은 앞서 익혔던 것처럼 10보다 1 작은 수의 곱으로 보는 연습을 또 합니다. 이제 가장 쉬운 단이 될 거예요!

먼저 곱셈표를 보면서 9단과 10단의 관계를 한번 생각해 보도록 합니다. 그 후 9는 10보다 1 작은 수라는 개념으로 9×1부터 9×10 까지 아이가 직접 써 보게 하세요. 다음과 같이 말이죠.

$$9 \times 1 = 10 - 1 = 9$$
$$9 \times 2 = 20 - 2 = 18$$
$$9 \times 3 = 30 - 3 = 27$$
$$9 \times 4 = 40 - 4 = 36$$
$$9 \times 5 = 50 - 5 = 45$$
$$9 \times 6 = 60 - 6 = 54$$
$$9 \times 7 = 70 - 7 = 63$$
$$9 \times 8 = 80 - 8 = 72$$
$$9 \times 9 = 90 - 9 = 81$$
$$9 \times 10 = 100 - 10 = 90$$

특별히 빨간색으로 표시한 부분이 보이나요? 이 부분을 콕 집어서 설명을 해 주면 아이는 더 쉽게 인지할 거예요. 이 방법은 9단의 일의 자리가 헷갈릴 때 매우 유용합니다. 저는 얼마 전까지도 9×7의 일의 자리가 2인지 3인지 헷갈리고는 했는데, 이 방법을 알고 난 후에는 전혀 헷갈리지 않습니다. 아이도 마찬가지고요.

여기까지 무사히 마쳤다면, 9단도 다른 단과 마찬가지로 수직선을 이용해 기본값을 이용한 다른 값 찾는 문제를 풀게 하세요.

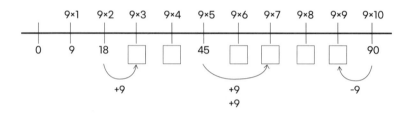

대망의 7단

드디어 마지막 7단입니다! 7단을 들어가기 전에 1월부터 12월까지가 한 장에 있는 달력을 준비하세요. 7을 기준으로 생각하기 가장 좋은 것이 바로 달력입니다.

각각의 월을 보면서 숫자 7, 14, 21, 28을 찾아 동그라미를 치도록 합니다. 아이는 이미 7일이 모여 일주일이 된다는 개념을 알고 있겠죠. 달력에 동그라미를 치다 보면, 7, 14, 21, 28이 모두 같은 요일이라는 걸 저절로 알게 됩니다. 1단부터 이렇게 생활 속의 소재를 이용하면 아이들이 어려워하는 7단도 완전히 낯선 것이 아니라는 것을 알게 됩니다. 달력을 충분히 봤다면, 구체물을 이용해 기본값부터 알려 줍니다.

앞서 각 단의 기본값을 마무리하며 7단은 맨 마지막에 저절로 알게 될 것이라 언급한 적 있죠? 7단의 기본값을 확인했다면, 아이에게 7단을 써 보게 하세요. 시간은 좀 걸리겠지만 큰 무리 없이 써 내려갈 것입니다. 7단 후반부를 좀 헷갈려한다면, 앞에서 배운 그대로 기본값을 토대로 찾아갈 수 있도록 유도하세요. 찾아가다 보면 어딘가 익숙한 값일 거예요. 왜일까요? 9단까지 기본값을 바탕으로 남은 값들을 찾으면서 이미 7을 곱한 값을 배웠거든요.

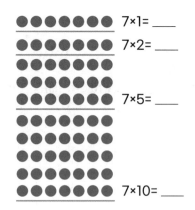

$7 \times 1 = \underline{\quad}$

$7 \times 2 = \underline{\quad}$

$7 \times 5 = \underline{\quad}$

$7 \times 10 = \underline{\quad}$

사실 7단은 아이들이 가장 외우기 어려워하는 단 중의 하나입니다. 머리가 좋은 아이들도 7단과 다른 단과의 관계를 파악하기 어려워해서 좀 헤매기도 하지요. 하지만 각 단의 기본값을 배우고, 곱셈에서 교환법칙이 성립함을 알고 있다면 7단을 쉽게 배울 수 있어요.

일상생활에서 곱셈 응용해 보기

이제 곱셈이 일상생활에서 사용되는 방식을 배우는 단계입니다. 아이들은 이러한 과정을 통해 수학이 내가 사는 세상과 동떨어진 게 아니라는 걸 알면 수학에 더 관심을 가지게 돼요.

독일 교과서에는 시장에서 꽃과 채소를 사는 그림이 있습니다. 직접 재배한 꽃이나 채소를 판매하는 지역 시장을 묘사한 거예요. 독일에도 대형 마트가 있지만 이런 시장이 매우 활성화되어 있어서 아이들은 엄마를 따라 시장에 늘 다닙니다. 그러니 아이들에게는 아주 익숙한 상황이죠. 꽃가게에서 2유로짜리 꽃을 세 송이 사고 10유로를 냈다면, 꽃은 모두 얼마고 거스름돈은 얼마를 받아야 하는지 이야기하다 보면 아이들은 곱셈이 일상생활에 얼마나 필요한지 알게 됩니다.

한국에는 어떻게 적용해야 할까요? 만약 무언가를 사고파는 상황이라면, 아이들에게 가장 익숙한 건 마트입니다. 하지만 돈의 단위가 크기 때문에 적용하기가 힘들어요. 그래서 한국 교과서에는 놀이 공원에 놀러 간 아이들이 놀이 기구를 타는 상황, 혹은 교실에 있는 물건의 수를 세는 상황이 주로 나와 있어요.

어떤 것이라도 좋으니, 아이가 흥미를 가질 수 있는 것이 무엇인지 아이의 생각을 잘 알아보고 문제를 만들어 주세요. 앞서 예를 들었던 생일 파티를 여는 상황을 다시 활용해도 좋고, 혹은 아이들이 좋아하는 공룡 이야기로 풀어갈 수도 있겠죠.

혹은 이런 상상을 할 수도 있어요. 아이가 독일에 여행을 왔고, 작은 과자 가게에 방문해 여러 가지 물건을 사는 상황인 거죠. 실제 사탕과 초콜릿 혹은 과자 등을 앞에 두고(프린트한 유로화 모형도 있으면 더욱 좋겠죠?) 사고파는 놀이를 해 보세요.

4 유로   3 유로

"과자 가게에 들어왔어. 사탕 하나에 4유로고, 초콜릿 하나에 3유로래. 사탕 5개를 사고 20유로를 내면 거스름돈은 얼마를 받아야 할까?"

"앗, 저기에 초콜릿도 보이잖아? 초콜릿은 좀 많이 사고 싶어. 9개를 살 거야. 초콜릿 9개를 사고 50유로를 내면 얼마를 거슬러 받을 수 있을 까?"

곱셈구구 가르고 모아 보기

앞선 공부에서, 각 단의 기본값을 기준으로 남은 값을 수직선을 이용해 찾아보는 연습을 반복해서 했습니다. 왜일까요? 지금 이 단계를 보면 왜 그런 연습이 필요했는지 이해할 수 있어요.

예시로 4×7을 수직선에 나타내 보겠습니다. 이전에는 4×5에서 4를 2번 더한 값으로 4×7을 찾아냈죠. 이를 조금 다른 방식으로 나타내 볼까요?

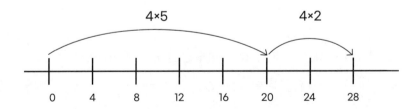

다음의 곱셈 가르기 표로 나타낼 수 있어요. 4×7에서 7을 5와 2로 나누어 각각 4와 곱해 계산하고, 오른쪽 아래에 두 답을 더한 최종 결과를 적는 거죠.

×	5	2
4	20	8

28

수식으로 정리하면 다음과 같아요. 이해를 돕기 위한 것이에요. 아이들이 아직 괄호를 배우지 않았으니 보여 주지는 마세요.

$$4 \times 7 = 4 \times (5+2)$$
$$= (4 \times 5) + (4 \times 2)$$
$$= 20 + 8$$
$$= 28$$

4를 2번 더하는 게 4×2임을 이미 알고 있는 아이들에게, 4×7을 4×5와 4×2로 나눌 수 있다는 것, 즉 4×7=4×(5+2)가 됨을 알려 주는 것이 핵심입니다.

이렇게 곱셈을 '수 가르기'를 하여 계산하는 연습은 이후 복잡한 곱셈 계산과 분수 계산에 직접적인 도움이 됩니다. 예를 들어 3학년 때 두 자리 수 곱셈을 배우는데, 7을 5와 2로 가르기 하여 계산한 것처럼 두 자리 수를 10의 배수로 수를 가르기 하여 계산하도록 하죠. 곱셈구구를 통해 수 가르기를 충분히 연습해 두면 쉽게 풀 수 있습니다.

컨설팅을 해 보면, 곱셈구구를 잘하던 아이도 두 자리 수×한 자리 수 곱셈을 만나면 어려워하는 경우가 종종 있어요. 우리나라에서는 이 단계부터 세로셈으로 계산하도록 하다 보니, 커진 자리 수도 부담스러운데 새로운 계산법까지 익혀야 해서 더 어려움을 느끼게 되는 것 같았습니다. 이런 아이들이 독일 교과서식 곱셈법을 배우고 난 후에는 배우지도 않은 세 자리 수 곱셈까지도 확장하여 풀더라고요. 심지어 너무 재미있다고 계속 문제를 내 달라고 요구하면서 말이지요. 옆에서 지켜보는 부모도 가르치는 저도 놀라울 뿐입니다. 가장 큰 변화는 수학에 대한 아이들의 태도였어요. '너무 쉬워요, 너무 재미있어요'를 연발하면서 수학에 대한 자신감이 생기는 것이 옆에서 보일 정도였으니까요.

독일 교과서식 곱셈법은 당장 곱셈이 쉬워지는 것뿐만 아니라 나아가 인수분해와 방정식을 이해하는 데도 큰 영향을 끼쳐요. 4×7을 (4×5)+(4×2)로 만드는 데 익숙한 아이는 훗날 x^2+x에서 공통인수 x를 뽑아내 $x(x+1)$로 만드는 원리를 쉽게 이해할 수 있어요. 아주 어릴 때 시작한 연산이 아이에게 얼마나 큰 영향을 끼치는지, 알면 알수록 놀라울 따름입니다.

곱셈 수 가르기: 표 이용하기

이 부분은 '=10'의 곱셈편에 해당하는 부분입니다. 두 자리 수 이상 곱셈을 배우기 위한 밑바탕이 되는 작업이라고 할 수 있어요.

먼저 가장 쉽고 간단한 것부터 시작합니다. 표에 곱셈을 5를 기준으로 수를 가르기 하는 연습을 해 볼까요?

다음과 같이 표를 이용해 문제를 풀게 하세요. 5를 기준으로 갈라 놓은 수를 각각 곱하고 더해 계산하면 됩니다. 이 단계에서 곱셈 가르기의 원리를 아이가 정확히 알도록 하세요.

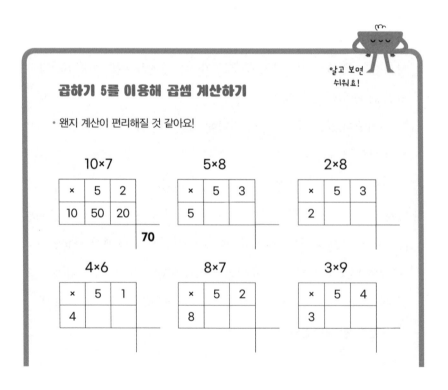

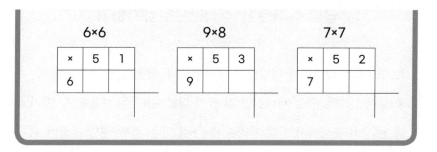

6×6

×	5	1
6		

9×8

×	5	3
9		

7×7

×	5	2
7		

이렇게 쉽고 재미나게 풀었다면, 다음의 빈 표를 활용해 스스로 문제를 만들어 풀어 보게 하세요. 물론 앞서 배운 곱셈구구 범위 내에서 만들어야겠죠? 스스로 능동적으로 문제를 만드는 과정을 지켜보면서 아이가 정말 개념을 잘 이해했는지 확인할 수 있습니다. 이 단계를 어려워한다면, 앞서 주어진 문제를 푸는 연습을 더 하는 것이 좋습니다.

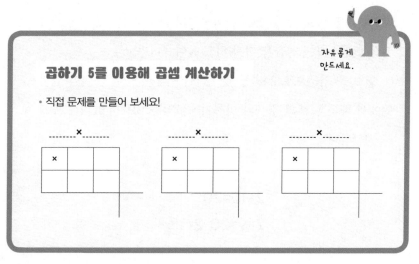

자유롭게 만드세요.

곱하기 5를 이용해 곱셈 계산하기

• 직접 문제를 만들어 보세요!

×		

×		

×		

곱셈 수 가르기: 수식만으로 해결하기

'with 10'의 곱셈편에 해당하는 부분입니다. 앞선 곱셈구구에서 9는 10보다 1 작은 수로 계산했던 것 잊지 않았지요? 이 부분은 두 자리 수 이상의 곱셈에서 일의 자리에 9나 8이 있을 경우, 정말 계산이 쉬워지는 마법 같은 연산 방법입니다. 예를 들면 23×39를 계산할 때, 세로식으로 변환하여 계산하지 않고 23×40을 계산한 다음 23을 빼면 훨씬 빠르고 실수 없이 계산할 수 있어요. 물론 자릿값 혼동도 없습니다. 곱셈 기본값을 기준으로 수직선에서 다른 곱셈의 답을 찾았던 것에서 수직선이 빠졌다고 봐도 무방합니다. 이후 두 자리 수 곱셈을 위한 초석이라고 보시면 좋아요. 수식으로만 풀기 때문에 조금 더 복잡하고 까다로울 수 있으니 잘 이끌어 주세요. 만약 아이가 어려워한다면 바로 앞서 했던, 곱셈구구의 값을 기본값을 기준으로 수직선상에서 찾는 연습을 다시 하고 돌아옵니다.

2×10을 기준으로 2×9를 찾으려면 어떻게 수식을 써야 할까요? 앞에서 배운 덧셈의 경우와 마찬가지로 9를 10보다 1 작은 수로 보고 계산합니다.

$$2×10=20$$
$$2×9=20-2=18$$

이렇게 수식을 쓸 수 있으려면 2×10이 2가 10번 더해진 것과 같

수학원리를 제대로 배운 아이는 쉽게 계산합니다

고, 2×9가 2가 9번 더해진 것과 같다는 곱셈의 기본 개념을 이해하고 있어야 가능해요. 수직선이나 표 같은 도구 없이 쓸 수 있도록 아이를 연습하게 하세요.

다음은 곱셈 기본값 10을 이용한 계산 문제예요.

참 쉽죠?

곱하기 10을 이용해 곱셈 계산하기

• 왠지 계산이 편리해질 것 같아요!

2×10=_____	5×10=_____	6×10=_____	8×10=_____
2×9 =_____	5×8 =_____	6×9 =_____	8×8 =_____

다음은 곱셈 기본값 5를 이용한 문제예요. 예를 들어 4×6은 4×5에서 4×1만큼 더해진 것이니, 4×6=20+4=24가 되겠죠. 아이가 문제를 보고 천천히 답을 찾아가도록 이끌어 주세요.

재미있게 풀어 보세요.

곱하기 5를 이용해 곱셈 계산하기

• 왠지 계산이 편리해질 것 같아요!

3×5=_____	4×5=_____	7×5=_____	6×2=_____
3×4=_____	4×6=_____	7×3=_____	6×3=_____

다음은 곱셈 기본값 2를 이용한 문제입니다.

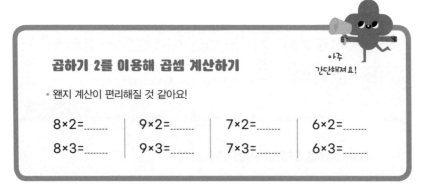

곱하기 2를 이용해 곱셈 계산하기

• 왠지 계산이 편리해질 것 같아요!

| $8 \times 2 =$ _____ | $9 \times 2 =$ _____ | $7 \times 2 =$ _____ | $6 \times 2 =$ _____ |
| $8 \times 3 =$ _____ | $9 \times 3 =$ _____ | $7 \times 3 =$ _____ | $6 \times 3 =$ _____ |

아주 간단해져요!

이 단계에서 기계적으로 곱셈구구를 외워 암기하고 넘어가 버리면, 다음에 배울 나눗셈에서 큰코다치게 되니 꼼꼼하게 짚고 넘어가세요. 곱셈 수 가르기 기초를 탄탄히 다지면, 다음 단원에서 만나게 될 곱셈 크기 비교 문제와 3학년 때 배울 두 자리 수 이상의 곱셈과 나눗셈이 만만하게 느껴질 거예요.

6장

나눗셈이라는
산 넘어 보기

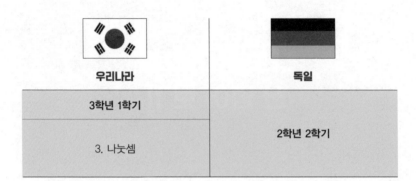

우리나라	독일
3학년 1학기	2학년 2학기
3. 나눗셈	

새로운 개념인 나눗셈을 배울 단계입니다. 제가 컨설팅을 하며 만난 아이들에게 자연수의 사칙연산 중 제일 어려운 것을 꼽으라고 하면 대부분 나눗셈을 이야기했어요. 부모들 역시 나눗셈 때문에 골치를 앓았고요.

나눗셈은 왜 어려운 걸까요? 처음 접하는 것이라 그렇습니다. 개념도 기호의 모양도 모두 낯선 것이지요. 그래서 나눗셈은 절대 수식으로 접근하면 안 되고 꼭 일상에서 접하는 상황으로 설명해야 합니다. 나눗셈이라는 단어도, 나눗셈 기호도 꽁꽁 숨기고요. 그리고 쉬운 문제로 나눗셈과 친해질 시간을 충분히 줘야 해요. 물론 문제는 쉬울지언정 나눗셈의 중요한 개념은 확실하게 잡고 넘어가야 이후에 복잡한 문제를 만났을 때도 만만하다고 생각해서 문제에 덤벼 볼 힘이 생깁니다.

나눗셈 때문에 울고 싶다고 말하던 아이들도 독일 교과서식으로 나눗셈을 배우고 나면 나눗셈이 가장 재미있다고 말합니다. 제 큰아이는 처음 나눗셈을 배운 후, 일주일 넘게 틈만 나면 달려와서 나눗셈 문제를 내 달라고 졸라댔어요. 나눗셈의 기본 개념을 익힌 후에는 응용력이 생기면서 배우지 않고도 세 자리 수 나눗셈까지 풀어 냈고요.

저희 아이만 그런 거라고요? 제가 만난 모든 아이들이 그랬어요. 나눗셈이 쉬워지는 그 시작점이 바로 여기, 나눗셈의 개념입니다.

나눗셈의 기본 개념
이해하기

수학, 특히 연산은 일상과 밀접한 관련이 있습니다. 그러니 나눗셈
역시 본격적으로 배우기 전부터 일상생활 속에서 나눗셈의 개념을
적용할 수 있는 소재가 있으면 놓치지 않고 이야기해 주세요.

예를 들어 케이크를 먹을 때, 총 8조각으로 나뉜 케이크를 우리
4가족이 똑같이 먹으려면 몇 조각씩 먹을 수 있을지 이야기하거나
가게에서 사 온 젤리나 사탕을 동생과 어떻게 똑같이 나눌 수 있
을지 함께 의논해 보세요.

이때 나눗셈이라는 단어와 기호는 숨깁니다. '나눠 준다', '공평
하게 나눈다', '똑같이 나눈다' 등 익숙한 말을 쓰세요. 일단 나눗
셈 개념에 친숙해지는 것이 먼저니까요. 아이와 말을 충분히 나눴
다면 다음 단계로 넘어가도 좋습니다.

놀이로 나눗셈의 기본 개념 익히기

독일 교과서에서는 학교 바자회와 같은 일상에서 쉽게 접하는 상황을 통해 나눗셈에 대한 개념을 이야기하는 것으로 시작합니다. 그런 다음 나눗셈의 개념을 기호와 수식으로 연결 지어 인지하는 과정을 거치고, 앞에서 배운 곱셈과의 비교를 통해 나눗셈의 개념을 다져 나가죠.

여기에 독일 교과서의 나눗셈 이야기를 살짝 변형해 옮겨 봤어요. 이 단계에서의 목표는 나눗셈의 개념 이해하기, 그리고 나눗셈 기호 (÷) 익히기입니다.

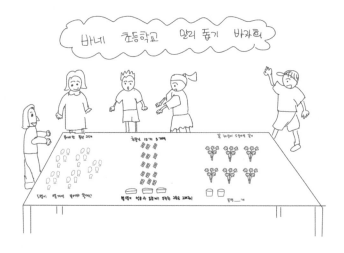

나눗셈의 개념 중 등분제는 아이가 이해하기 어렵지 않습니다. '똑같이 나누려면 어떻게 해야 할까?'라는 질문이 나눗셈이고, 그렇게 가져간 양이 '몫'임을 알려 주면 됩니다.

"벽을 장식할 풍선이 모두 25개가 필요해. 풍선 담당은 모두 5명이야. 그럼 한 사람당 몇 개씩 불어야 할까? (아이와 함께 사람 앞에 풍선을 5개씩 그리며) 5개씩 나누면 되겠네. 25를 5로 나누니까, 나눈 한 부분의 크기가 5네. 한 부분의 크기를 '몫'이라고 불러. (25÷5=5를 쓰며) 식으로 쓰면 이렇게 표현할 수 있어. 이 모양은 앞의 수를 뒤의 수로 똑같이 나눠 본다는 뜻이야."

그런데 의외로 부모들도 어려워하는 것이 '몇 번을 빼야 할까?'라는 질문입니다. 어려운 말로 포함제라고 하는데, 즉 한 부분의 크기뿐만이 아니라 거듭 뺀 횟수 역시 몫임을 알려 줘야 해요. 이 역시 이야기를 통해 잘 알려 줘야 합니다. 거듭 빼는 행위를 그림이나 구체물을 통해 직접 해 보는 게 중요합니다.

"자, 초콜릿 15개가 있는데, 1명당 3개씩 먹으려고 해. 한 사람이 3개 먹고 가고, 또 다른 사람이 3개 먹고 가고… 앗, 어느새 초콜릿이 바닥났어. 몇 사람이나 먹을 수 있었을까? 한번 말해 볼래?"
"초콜릿이 모두 15개이고 1명당 3개씩 먹으면… 5명까지 먹을 수 있어요."
"잘했어! 다시 말하면 15에서 3을 5번 뺀 거지. 15-3-3-3-3-3=0이야. 이걸 15 나누기 3은 5와 같다고 말할 수 있어. (15÷3=5를 쓰며) 수식으로 쓰면 이렇게 적을 수 있어. 여기서 5는 15 나누기 3의 몫이야.
이제 꽃 30송이를 5송이씩 똑같이 나누어 꽂아야 해. 그럼 꽃병 몇 개가 필요할까?"

"꽃이 모두 30송이가 있고, 하나에 5송이씩 나누어 꽂아야 하니까 꽃병
은 6개가 필요하네요. 30 나누기 5는 6과 같아요. 30 나누기 5의 몫은
6이에요."

"맞아! 이제 식까지 써 볼까? (아이가 30÷5=6을 무사히 쓰면) 30송이
에서 꽃을 5송이씩 빼서 총 6번 뺐잖아. 그러니까 30송이에서 5송이씩
빼면 1번, 2번, 3번, 4번, 5번, 6번 뺐네! 똑같은 수로 거듭 뺐을 때, 그
뺀 횟수도 몫이라고 불러."

앞서 곱셈을 처음 배울 때와 마찬가지로, 식에 맞는 그림을 그리
거나 스티커를 붙이게 하고, 나아가 식도 함께 쓰게 유도하세요. 즉
그림이나 구체물로 체험하기 → 나눗셈을 말하기 → 나눗셈식으로
쓰기의 단계를 거치면서 아이가 즐겁게 나눗셈을 익힐 수 있게 도와
주세요.

쉽고 즐거워 보이는 이 놀이를 절대 게을리하거나 가볍게 생각해
서는 안 됩니다. 이 단계에서 '전체를 똑같은 수로 나눈다' '거듭 뺀
다' 그리고 '몫(한 묶음의 양, 혹은 묶음의 수)'의 개념을 손과 눈으로 충
분히 숙지해야만 합니다. 그래야 바로 다음에 곱셈과 나눗셈의 관계
를 배울 때, 아무 생각 없이 이미 외운 곱셈구구로 문제를 해결하려
들지 않아요. 그리고 나중에 또 언급하겠지만, 1차 수포자 발생 지점
이라 불리는 분수를 통과하기 위해서는 나눗셈을 제대로 배워야 합
니다.

수학의 학습 내용은 계단식입니다. 이전 단계를 제대로 알아야 그 다음 단계로 넘어갈 수 있다는 사실을 꼭 기억하세요.

곱셈구구 기본값을 바탕으로 나눗셈 이해하기

친숙한 상황과 소재로 나눗셈의 개념과 기호의 의미를 익혔다면, 조금 더 단순한 그림을 이용해 곱셈과의 관계를 알게 함으로써 나눗셈의 개념을 확장할 차례예요.

스티커로 나눗셈 이해하기

스티커를 활용해 곱셈과 나눗셈 상황을 만들고, 이 스티커 모음에서 만들 수 있는 곱셈과 나눗셈의 수식을 모두 작성하는 문제를 함께 풀어 보세요. 나중에는 문제를 만들어 부모가 제시하지 않고, 아이와 함께 스티커를 노트에 붙이면서 문제를 함께 만들어 보는 것도 좋습니다.

수학원리를 제대로 배운 아이는 쉽게 계산합니다

곱셈과 나눗셈의 관계 찾기

둘이 무슨 사이일까?

• 스티커로 곱셈과 나눗셈을 표현해 보세요!

$7 \times 3 =$ _____

$3 \times$ ____ $=$ _____

$21 \div 3 =$ _____

$21 \div 7 =$ _____

____ $\times$ ____ $=$ ____

____ $\times$ ____ $=$ ____

____ $\div$ ____ $=$ ____

____ $\div$ ____ $=$ ____

전체 21개, 가로줄 7, 세로줄 3인 왼쪽 문제를 예시로 이 활동을 어떻게 하는지 설명할게요.

우선 곱셈식부터 차례대로 만들어 보세요. 세로로 3개씩을 묶으면 7묶음임을 확인하며 식을 만들고 계산합니다. 3×7=21이죠. 그리고 가로로 7개씩 한 묶음으로 3묶음을 만든 후 식을 만들고 계산하게 하세요. 7×3=21입니다.

그 다음, 나눗셈식을 만들 차례예요. 먼저 세로로 3개씩 묶으며 모두 몇 묶음이 되는지 확인합니다. 총 7묶음이 나온다는 것을 함께 보고, 식으로 쓰게 하세요. 21÷3=7입니다. 같은 방법으로 가로로 7개씩 묶으면 몇 묶음이 되는지 살펴봅니다.

곱셈과 나눗셈을 서로 비교하고 대조하며, '전체 크기를 구하는' 곱셈과 '묶음의 수'을 찾는 나눗셈의 개념을 인지시키세요.

수직선을 이용해 나눗셈하기

이제 스티커와 구체물 없이 수직선을 활용해 나눗셈과 곱셈의 관계를 가르칠 차례예요. 수직선에서는 어떻게 표현되는지 확인하며, 나눗셈의 개념을 곱셈과의 관계 속에서 한 번 더 파악하는 거죠.

다음의 문제는 두 문제가 하나의 세트로 구성되어 있어요. 한 문제는 곱셈구구에서 반복적으로 익혔던 기본값(1, 2, 5, 10)이 포함된 나눗셈 문제고, 다른 문제는 기본값 혹은 다른 수로 나누는 문제예요. 기본값을 시작으로 하면 아이들은 왠지 배운 적이 있는 것 같은 느낌을 받아서 한결 수월하게 문제를 해결할 수 있어요.

재미있게
나눠 주세요.

두 자리 나눗셈

• 수직선을 이용해 답을 찾아보세요!

20÷10=____	30÷10=____	40÷10=____	60÷10=____
20÷5=____	30÷3=____	40÷4=____	60÷6=____

10÷5=____	20÷5=____	30÷5=____	40÷5=____
10÷2=____	20÷4=____	30÷3=____	40÷8=____

이 단계를 지도할 때, 아이가 이미 외운 곱셈구구를 활용해 기계적으로 풀지 않도록 잘 지도하세요! 주어진 문제를 수직선에 표시하고 그걸 통해 답을 찾게 하는 게 중요합니다.

20÷10과 20÷5를 비교하는 문제를 예로 들어 이 문제를 어떻게 지도하는지 설명할게요.

우선 종이에 20까지 표시된 수직선 두 줄을 위아래로 나란히 그리세요. 그리고 아이가 위 수직선에는 첫 번째 문제를, 아래 수직선에는 두 번째 문제를 풀게 합니다. 다시 말해 위쪽 수직선은 10칸씩 뛰어 세기를 하고, 아래 수직선에는 5칸씩 뛰어 세기를 하는 거죠.

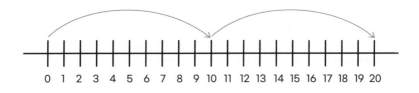

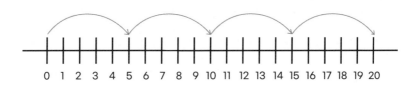

20을 10칸씩 뛰어 세기하면 2번 뛰어 세고, 20을 5칸씩 뛰어 세기하면 4번 뛰어 세게 돼요. 그러니 답은 각각 2와 4가 되겠죠? 이것을 답지에 적게 하고, 마지막으로 5씩 2번 뛰어 세었을 때 10씩 1번 뛰어 센 지점에서 만나는 것까지 확인하면 끝입니다.

기본값을 기준으로 나눗셈하기

다음은 수직선 없이 수식으로만 나눗셈 계산을 해 봅니다.

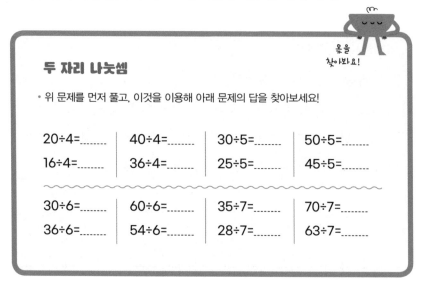

두 자리 나눗셈

• 위 문제를 먼저 풀고, 이것을 이용해 아래 문제의 답을 찾아보세요!

20÷4=_____	40÷4=_____	30÷5=_____	50÷5=_____
16÷4=_____	36÷4=_____	25÷5=_____	45÷5=_____

30÷6=_____	60÷6=_____	35÷7=_____	70÷7=_____
36÷6=_____	54÷6=_____	28÷7=_____	63÷7=_____

문제를 보면, 2개의 식이 묶여 한 세트의 문제를 이루고 있어요. 두 식의 관계가 어떤지 보이죠? 위의 식은 반복적으로 익혀본 곱셈의 기본값을 활용하는 것으로 아래의 문제를 해결하는 데 어림식의 역할을 합니다. 아래 문제는 위의 문제보다 몫이 1만큼 크거나 작습니다. 위의 식을 먼저 계산한 후, 아래 식은 계산하지 않고 이미 계산한 위의 식을 바탕으로 추론하여 도출하는 연습을 통해 곱셈과 나눗셈의 관계, 그리고 나눗셈에서의 '몫'의 의미를 알게 하는 게 이번 문제의 목적이에요. 역시 이 단계에서도 이미 외운 곱셈구구를 활용하지 않고, 묶거나 빼는 방식으로 계산하게 지도하세요. 만약 문제

를 풀기 어려워한다면 아직 그림이나 구체물 혹은 수직선 연습이 더 필요하다는 뜻이에요. 아직 뇌에서 나눗셈의 의미를 충분히 인지하지 못했다는 의미거든요. 기초 공사를 튼튼히 하기 위해, 돌아가서 구체물과 스티커와 수직선 연습을 더 시킨 후 이 문제에 도전하게 하세요.

첫 번째 문제를 예로 들어 볼게요. 20을 4개씩 묶으면 몇 묶음이 되는지 생각하게 하고(이때 아이의 머릿속에는 앞에서 진행한 구체물이나 수직선이 떠올라야겠죠), 수식으로 쓰게 하세요. 20을 4개씩 묶으면 5묶음이고, 이걸 20÷4=5라고 적고 말할 수 있겠죠. 그 다음, 아래의 16÷4를, 20÷4를 기준으로 답을 생각하게 해 주세요. 16은 20보다 4 작은 수죠? 그렇다면 20을 4개씩 묶은 것보다 1묶음 작아요. 그래서 16 나누기 4는 4와 같죠. 이처럼 아이는 한 묶음이 적은 수의 나눗셈의 몫을 추론해 나가는 과정을 거치며 나눗셈의 개념을 완벽하게 정립합니다.

다시 강조하지만 이 단계에서는 아이가 빠르게 답을 구하는 것이 아니라, 자신이 지금 하는 나눗셈이 어떤 것인지 머릿속으로 그림을 그려 보는 것이 훨씬 더 중요합니다.

'음… 40을 8개씩 나누어 담으면 5접시가 되겠네. 그럼 40보다 8이 작은 32를 8개씩 나누면? 1접시만 빠지면 되네! 그러면 4접시!'

이런 사고 과정이 아이의 머릿속에서 반복적으로 일어나야 합니다.

이 단계에서 아이는 학교에서든 문제집에서든 곱셈구구 범위 내의 나눗셈 문제를 많이 만날 겁니다. 예를 들어 다음과 같은 문제죠.

$$4÷2=\text{_____}$$
$$6÷2=\text{_____}$$
$$8÷2=\text{_____}$$

$$10÷2=\text{_____}$$
$$12÷2=\text{_____}$$
$$14÷2=\text{_____}$$

이 문제를 두고 아이는 이렇게 풀기 쉬워요.

"이이는 사, 이삼은 육, 이사는 팔, 이오는 십!"

아이가 어떻게 푸는지 지켜보다가, 이런 방식으로 풀면 반드시 다시 언어적으로 나눗셈의 개념으로 해석해 주세요. 손으로 푸는 것은 운동 신경을 사용하는 아이의 활동이고, 언어로 해석해 주는 것은 아이의 논리적 사고를 주관하는 전두엽과 청각 신경에 자극을 주는 엄마의 활동입니다. 따라서 뇌가 다양한 자극을 받을 수 있도록 언어로 정리하여 표현하면 아이의 뇌는 더 명확하게 개념을 이해하고 정리할 수 있습니다.

"4는 2씩 2묶음이 되니까 4 나누기 2의 몫은 2잖아. 이제 밑의 식을 보면 6을 2로 나누는 것인데, 6은 4보다 2가 많으므로 4 나누기 2의 몫보다 한 묶음 많은 3이 몫이 되겠지? 자, 이제 8 나누기 2도 풀어 보고 네가 설명해 볼래?"

곱셈구구를 잘 외우고 있는 아이는 이런 설명을 귀찮아할 가능성이 커요. 빨리 답을 쓰고 다음 단계로 넘어가고 싶어 하죠. 그러나 그렇게 대충 풀고 넘어가면, 나중에 곱셈구구 범위를 넘어서는 나눗셈을 만났을 때 너무 힘들어져요. 예를 들어, 638을 58로 나누는 문제를 만났을 때 곱셈구구로만 나눗셈을 해 버릇한 아이는 당황합니다. 58단을 외운 적이 없으니까요. 그러니 이 과정에서 나눗셈의 개념을 탄탄히 잡아야 수의 범위가 커졌을 때도 나눗셈 계산을 할 수 있어요.

곱셈구구를 통하지 않고 풀어야 하는 이유는 이뿐만이 아닙니다. 나눗셈은 이후 분수의 개념을 이해하는 데도 필수적이에요. 나눗셈과 분수의 관계를 인지하지 못하는 부모가 의외로 많은데, 사실 나눗셈 기호 자체가 분수의 모양에서 따온 것으로 분수는 나눗셈의 다른 표기법이기도 합니다. 즉, $\frac{1}{2}$은 1을 2로 나눈 값이라는 뜻이지요. 물론 하나를 둘로 동일하게 나눈 것 중 하나라는 의미도 있습니다. 어떤 방식이든 나눗셈의 의미가 포함됩니다. 나눗셈의 개념이 잘 정리되어 있으면, 3학년 1학기 때 처음 배우는 분수의 개념 이해가 훨씬 쉽습니다.

나눗셈을 배운 아이에게 다음 질문을 한번 던져 보세요.

"1을 4로 나누면 몫은 어떻게 될까?"

이 질문을 이해하기 어려워한다면 질문을 바꿔서 해 보세요. 같은 의미의 질문이지만, 머릿속으로 상상할 수 있게 도와주는 것만으로도 아이는 훨씬 쉽게 답을 생각해 낼 수 있으니까요.

"초코파이 1개를 4명이 똑같이 나누려면 어떻게 해야 할까?"

그런데 만약 나눗셈의 개념이 잘 정리되어 있지 않다면, 이렇게 쉽게 바꾼 질문에도 당황스러운 감정부터 들 거예요.

반면 나눗셈의 개념이 머릿속에서 이미지로 잘 박혀 있다면, 아이는 이 질문을 듣고 초코파이를 '똑같이' 나누기 위해 초코파이를 자르려고 들 거예요. 그게 바로 아이가 처음 접하는 분수의 개념이죠.

또한 이렇게 나눗셈 단계에서부터 수식을 보고 머릿속에서 이미지화하는 작업을 연습해 두면, 앞으로 등장하는 문장제 문제를 풀때 훨씬 쉽게 식을 만들어서 해결할 수 있습니다. 특히 분수의 문장제 문제는 이미지화가 중요한데 처음 해 보면 너무 복잡하고 어렵다고 느껴지지만, 처음 나눗셈을 배우는 단계에서부터 꾸준히 연습하면 자연스럽게 문장제 문제를 만났을 때 머릿속으로 자유롭게 그림을 그리며 문제를 풀 수 있어요.

그러니 아이가 시간이 걸리더라도 곱셈구구를 통하지 않고 나눗셈의 기본 개념을 사용해 한 문제 한 문제 풀어 나가도록 도와주세요.

몫의 개념 정리하기

마지막으로 나눗셈의 '몫'의 개념을 정확하게 정리하도록 돕는 문제를 소개할게요.

한 문제 세트의 답은 모두 동일합니다. 그러나 지금껏 풀었던 문제들과 좀 달리, 세 개의 식 중 하나를 기준으로 삼아 나머지 값을 구할 수 없게 되어 있어요.

이 문제를 풀어 봐야 하는 이유가 무엇일까요? 처음 나눗셈을 배

나눗셈 풀어 보기

• 세 문제를 풀고, 몫이 어떻게 다른지 생각해 보세요!

40÷4=_____	20÷4=_____	8÷4=_____	4÷4=_____
80÷8=_____	40÷8=_____	16÷8=_____	8÷8=_____
70÷7=_____	35÷7=_____	14÷7=_____	7÷7=_____

30÷3=_____	15÷3=_____	6÷3=_____	3÷3=_____
60÷6=_____	30÷6=_____	12÷6=_____	6÷6=_____
90÷9=_____	45÷9=_____	18÷9=_____	9÷9=_____

울 때 아이들은 몫을 절대적인 양의 개념으로만 생각하기 쉽습니다. 그러니 수가 다 다른데 답은 똑같이 나오는 문제들을 풀면서, 몫이 반드시 절대적인 양의 개념만이 아니라 '묶음의 수'나 '한 묶음의 양'도 의미함을 확실하게 알기 위해서예요.

가장 첫 번째 문제 세트를 볼까요? 아이들은 40÷4=10이라는 계산을 하면서, 40을 4로 나누면 '절대적인 양'인 10이 된다고 생각하곤 합니다. 이는 '40을 4로 나누면 10묶음이 된다' 혹은 '40을 4등분하면 한 묶음의 양은 10개다'라고 생각하는 것과 엄청난 차이가 있지요. 따라서 아이가 문제 세트 하나를 풀면, 부모가 나서서 일상생활에서 접할 수 있는 상황을 제시하면서 말로 설명해 주세요.

"40을 4개씩 묶으면 10묶음이네. 80도 8개씩 묶으면 10묶음이고, 70도 7개씩 묶으면 10묶음이네. 모두 묶이 10이구나. 왜일까?

이런 상상을 해 보자. 오늘은 너의 생일 파티야. 친구들 9명을 초대해서 너를 포함해서 모두 10명이 모일 거야. 엄마가 간식으로 머핀 40개, 젤리 80개, 체리 70개를 준비해 뒀어. 그리고 접시에 머핀은 4개씩, 젤리는 8개씩, 체리는 7개씩 나누어 담아 달라고 부탁을 한 거야. 그럼 몇 개의 접시가 필요할까? 놀랍게도 머핀, 젤리, 체리 모두 10개의 접시가 필요해. 그러니까 40 나누기 4가 10이라는 것은, 40을 4로 똑같이 나누면 10개의 묶음이 생긴다는 뜻이야.

그런데 이렇게도 생각해 볼 수 있어. 머핀 40개를 접시 4개에 똑같이 나누어 담아 달라고 한 거야. 그러면 한 접시에 몇 개의 머핀을 담을 수 있을까? 그래, 10개씩 나누어 담을 수 있지. 그러니까 40 나누기 4가 10이라는 건, 40을 4묶음으로 똑같이 나눴을 때 하나의 묶음이 10개라는 말과도 같아. 그리고 젤리 80개를 접시에 8개씩 똑같이 나누어 담아도 역시 접시는 10개가 필요하지!"

곱셈과 나눗셈 크기 비교하기

이제는 곱셈구구 범위 내에서 곱셈과 나눗셈의 크기를 비교하는 연습을 시킬 차례예요. 왼쪽과 오른쪽을 비교해 부등호나 등호를 써 넣는 거죠.

크기 비교의 목적은 크게 두 가지예요.

첫째, 이제까지 배운 곱셈과 나눗셈의 특징을 더욱 깊고 넓게 파악하는 것입니다. 직접 계산하지 않고 좌우 값의 크기를 추론하는 과정을 통해 연산이 가지는 특징을 더욱 넓고 깊게 파악할 수 있어요.

둘째, 어림하기를 연습하는 또 다른 방법입니다. 3학년 이후 배우게 될 연산에 있어 가장 필요한 역량이 어림하는 능력이에요. 어림하는 방법은 앞서 계속 연습해 왔죠. 875÷19라는 문제가 주어졌을 때, 어림하기 연습이 충분히 숙지되지 않은 아이는 87에 19가 몇 번 들어가는지를 구하기 위해 여러 번의 곱셈 시도를 해야 합니다. 반면 어림하는 연습이 충분히 되어 있으면 19를 10의 배수 중 19와 가장 가까운 20으로, 87을 90으로 보고 쉽게 4라는 값을 얻어낼 수 있어요. 즉 나눗셈에서 수가 커질수록 어림하는 능력은 문제를 해결하는 시간과 정확도에 큰 영향을 끼쳐요.

이 단계에서 나오는 곱셈과 나눗셈의 크기 비교 문제는 사실 곱셈구구만으로도 충분히 해결 가능해요. 그러나 곱셈이나 나눗셈이 조금만 자리 수가 커져도 곱셈구구로 해결이 어려워요. 그러니 이 단계에서 주어진 식의 답을 곱셈구구로 일일이 계산해서 풀지 않도록 하세요. 먼저 수식 전체를 보며 어림하기를 사용하여 좌우 중 어느 쪽이 더 큰지 혹은 같은지를 파악하게 이끌어 주세요.

곱셈 크기 비교하기

우선 A4용지나 빈 노트를 준비한 후, 문제 상황에 맞게 수직선을 그려 가며 다음 쪽의 문제를 해결할 수 있도록 안내해 주세요. 100까지면 충분해요. 수직선에 문제 상황을 그려 보며 빈칸에 들어갈 수를 모두 구해 보는 작업입니다. 아이가 곱셈구구로 '사일은 사, 사이팔~' 외우며 풀지 않게 해 주세요.

아이가 처음 문제를 접했을 때 많이 당황할 수 있어요. 문제의 답이 하나가 아니고 추상적으로도 보이죠. 하지만 수직선 상에서 뛰어 세기를 해 보면 쉽게 답을 찾을 수 있어요. 어떤 수에 2를 곱했는데 그 답이 20보다 작다는 수식을 만족하는 답을 찾으려면 어떻게

식을 만족하는 수 찾기

• 빈칸에 들어갈 수 있는 수를 전부 써 보세요!

| ____ × 2 < 20 | ____ × 3 < 25 | ____ × 4 < 30 | ____ × 7 < 40 |

| ____ × 4 < 40 | ____ × 6 < 50 | ____ × 8 < 60 | ____ × 7 < 40 |

해야 할까요? ×2는 뛰어 세기를 2씩 하라는 뜻으로 해석하면 되니, 20까지 2씩 뛰어 세기를 해 보면 알 수 있겠죠? 아이에게 직접 뛰어 세기를 시키세요.

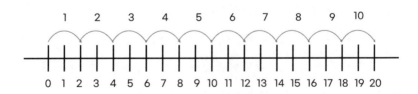

20까지 뛰어 세기를 10번이나 할 수 있어요. 그럼 적을 답은 1부터 9겠네요. 반면 __×4 < 30의 경우, 4씩 뛰어 세기를 하면 7번밖에 뛰어 세기를 할 수 없어요. 8번 뛰어 세면 32가 되니까요. 그러면 답은 1, 2, 3, 4, 5, 6, 7이 됩니다.

다음 문제는 빈칸을 기준으로 좌우 모두 식으로 표현되어 있고, 두 식 중 어느 것이 더 클까 추론하는 문제예요.

크기 비교하기

문제에 힌트가 있어!

• 어느 것이 더 클까요? < 혹은 > 혹은 =를 적어 표시하세요!

4×3 .... 2×6	2×7 .... 4×7	10×1.....5×2	4 ×5 .... 3×6
5×3 .... 6×2	3×6 .... 3×8	10×2.....5×4	6 ×5 .... 5×6
4×4 .... 3×6	4×5 .... 2×9	10×3.....5×6	8 ×5 .... 7×6
4×5 .... 6×3	5×4 .... 1×10	10×4.....5×8	10×5 .... 9×6

예를 들어 4×3과 2×6을 비교할 때 어떻게 해야 할까요? 곱셈구구로 '사삼 십이'를 외우며 계산하지 않고, 식을 전체적으로 보며 파악하는 것이 우선입니다. 4×3과 2×6을 잘 살펴보니, 곱셈 기호 왼쪽은 4에서 2로 절반이 되었는데, 오른쪽은 3에서 6으로 2배가 되어 두 식의 값은 동일해요. 앞선 곱셈 과정에서 배운 개념이죠! 아이와 함께 그림을 그려 직접 확인해 봅니다. 이때 수를 5나 10을 기준으로 생각해 보는 연습을 하면, 더 복잡한 곱셈을 계산할 때 도움이 됩니다.

수학원리를 제대로 배운 아이는 쉽게 계산합니다

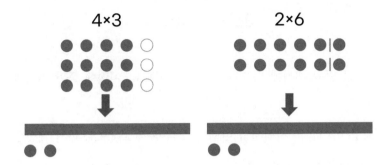

4×3을 5에서 1 작은 수(5-1)가 3개 모인 값으로, 2×6을 2가 5개 (10)하고도 2개가 더 있는 값으로 보는 것이죠. 그림으로도 두 개 식의 값이 12로 동일하다는 것을 확인했으니, 문제의 빈칸에는 등호를 씁니다. 이 식을 기준으로 아래 식들의 크기를 추론해 나갑니다.

5×3은 위의 4×3보다 3이 한 번 더 곱해진 것이고, 2×6은 위의 6×2와 동일합니다. 즉 동일한 값에서 왼쪽 수식에만 3이 한 번 더 곱해졌으니 왼쪽이 더 큰 값이 되겠네요!

한편 4×4는 맨 위의 4×3보다 4가 한 번 더 곱해진 값입니다. 3×6은 맨 위의 2×6보다 6이 한 번 더 곱해진 값이고요. 따라서 오른쪽 수식이 더 큽니다.

마지막 식은 어떻게 추론하면 좋을까요? 바로 위의 식과 비교하면 됩니다. 4×5는 4×4보다 4가 한 번 더 곱해진 값이고, 6×3은 3×6과 같으므로 두 식 중 왼쪽 수식의 값이 더 큽니다.

아니, 곱셈구구로 간단하게 계산하는 것이 훨씬 빠른데 꼭 이렇게 풀어야 하냐고요? 답은 '네'입니다. 꼭 이렇게 계산하는 연습을 해야 합니다.

$$36×5 \cdots\cdots 45×4$$

3학년 단원 평가에 나오는 문제의 예시예요. 어떻게 풀면 좋을까요?

보통 아이들은 시험지의 여백에 수식을 세로식으로 써서 계산합니다. 36과 5를 곱해 답을 구하고, $45×4$를 계산해 답을 구한 다음 비교하는 복잡한 과정이에요. 그러나 수식 전체를 먼저 보고 곱셈의 특징을 떠올린 후 수를 가르기 하면 일일이 계산할 필요가 없이 간단하게 답을 쓸 수 있어요.

$$36×5=4×9×5$$
$$45×4=5×9×4$$

수를 가르기하여 살펴보니 값이 똑같네요!

저렇게 어려운 문제를 쉽게 풀려면 이 단계에서 연습을 해 놔야 합니다. 다만 특정한 유형의 문제 풀이만을 위해 수 가르기를 연습하라는 것이 절대 아니에요. 이렇게 수를 가르고 서로 비교하는 능력이 이후 인수분해를 비롯한 중등·고등 수학에 있어 절대적으로 필요하기 때문입니다. 그러니 절대 곱셈구구로 술술 풀도록 내버려두지 마시고, 생각하고 그려 보기도 하면서 수 가르기 하여 곱셈 크기를 비교하는 문제를 제대로 풀 수 있도록 지도하세요. 곱셈 속에서 수를 어떻게 파악해야 하는지 알게 되고, 나아가 수가 더 커지고 계산이 복잡해져도 해결할 수 있는 수학적 사고력이 생기게 됩니다.

나눗셈 크기 비교하기

이제 나눗셈의 크기를 비교해 볼 차례예요. 먼저 아이에게 익숙하고 도 쉬운 5 곱한 값을 기준으로 시작합니다.

크기 비교하기

• 어느 것이 더 클까요? < 혹은 > 혹은 =를 적어 표시하세요!

문제에 힌트가 있어!

28 ÷ 4 5	18 ÷ 9 5	24 ÷ 6 5	28 ÷ 7 5
24 ÷ 4 5	45 ÷ 9 5	30 ÷ 6 5	35 ÷ 7 5
20 ÷ 4 5	63 ÷ 9 6	36 ÷ 6 6	42 ÷ 7 6
16 ÷ 4 5	81 ÷ 9 6	42 ÷ 6 6	49 ÷ 7 6

아이는 이런 문제를 접하면 역시나 곱셈구구를 외워 해결하고 싶은 생각을 할 거예요. '사칠은 이십팔! 7은 5보다 크지!' 하면서 말이죠. 하지만 이렇게 풀면 나눗셈의 원리와 어림 요령 습득이라는 목적을 달성할 수 없어요. 제일 왼쪽 문제를 예시로 지도 방법을 알려 드릴게요.

먼저 아이에게 4개의 식을 잘 살펴보게 하세요. 이 4개의 식 중 어떤 식을 가장 먼저 풀면 좋을지 생각하게 유도하세요. 몫이 딱 5로 나누어 떨어지는 식이 있습니다. 20÷4=5가 되니 등호를 적어 넣을 수 있어요. 이를 기준으로 남은 식의 크기를 판단합니다.

24÷4에서 24는 20보다 4만큼 큰 수로, 4로 나누었을 때 20보다 1묶음 더 크죠. 따라서 24÷4 >5가 됩니다. 이런 식으로 이미 풀어 놓은 식에서 답을 유추하게 도와주세요. 그 과정에서 아이는 나누기 에서 나뉘는 전체 수가 커지거나 작아지면 몫은 어떻게 되는지 자연스럽게 알게 됩니다.

다음 문제는 조금 더 어려워요. 빈칸을 기준으로 좌우에 모두 식이 있거든요.

크기 비교하기

괜찮아요.
할 수 있어요!

• 어느 것이 더 클까요? < 혹은 > 혹은 =를 적어 표시하세요!

24÷3 ... 24÷6	10÷5 ... 20÷5	24÷6 ... 24÷8	60÷6 ... 40÷4
12÷4 ... 12÷3	10÷10 ... 20÷10	28÷7 ... 21÷7	40÷8 ... 20÷5
6÷4 ... 6÷2	10÷2 ... 20÷2	32÷8 ... 18÷6	20÷4 ... 10÷2

나눗셈 기호가 많아 어려워한다면, 아이가 이입하고 이해하기 쉬운 이야기로 풀어서 말해 주세요.

"초콜릿 24개를 3명이 나누어 먹을 때랑, 6명이 나누어 먹을 때를 생각해

수학원리를 제대로 배운 아이는 쉽게 계산합니다

봐. 3명이 나누어 먹을 때 1명이 먹을 수 있는 초콜릿 개수가 더 많겠지?"

이 문제들은 나눗셈에서 나뉘는 수가 같을 때 나누는 수가 커지거나 작아지면 어떻게 되는지 알 수 있게 구성되어 있어요. 문제를 풀며 아이가 나눗셈 수식 속 수가 변하면서 몫이 어떻게 달라지는지 공부할 수 있어요. 또한 이 과정을 잘 훈련하면 최상위 연산 3학년 과정에 있는 '계산하지 않고 크기 비교하기' 정도의 문제는 아주 쉽게 해결할 수 있게 됩니다. 나아가 이후 복잡한 나눗셈 문제를 해결하고 나아가 분수를 잘 이해하기 위해서도, 수 가르기 하여 나눗셈 크기를 비교하는 과정이 반드시 필요합니다.

나머지가 있는 나눗셈

독일에서는 짝짓기 게임으로 나머지가 있는 나눗셈에 대한 개념을 시작합니다. 짝짓기 게임, 여러 명이서 노래를 부르며 손을 잡고 돌다가 선생님이 불러 주는 숫자만큼 모이는 게임이죠. 체육 시간에 직접 해 본 것을 토대로 생각해 보게 유도합니다. 몸으로 직접 해 봤고, 내가 짝을 이루지 못해 직접 '나머지'가 된 경험이 있죠. 짝을 완성하지 못하고 남은 친구들을 나눗셈에서는 '나머지'라고 한다는 것을 알려 주고, 나머지가 있는 나눗셈 식으로 표현하는 방법을 배웁니다. 20명이 3명씩 짝을 지으면, 6팀이 생기고 2명이 남는 것을 수식으로 20÷3=6…2로 나타낸다는 것을 처음 배웁니다. 아이가 짝짓기 놀이를 해 봤다면 이를 설명해 주고, 만약 그때의 상황을 잘 떠올리지 못하거나 경험이 없다면 친구들과 쿠키를 나눠 먹는 상황으로 설명해 주세요.

"쿠키 20개가 있는데, 3명이서 똑같이 나눠 먹으려면 어떻게 해야 할까? 일단 6개씩 나눠 가질 수 있어. 앗, 그런데 2개가 남네. 이게 바로 나머지야."

직접 곱셈식과 나눗셈식 세우기

이야기를 통해 나머지가 무엇을 뜻하는지 대략적으로 파악했다면, 주어진 그림에 대한 곱셈식과 나눗셈식을 쓰며 개념을 다집니다.

다음 문제 속 과자의 개수는 모두 27개로 동일합니다. 이를 다양한 묶음수로 묶었을 때 곱셈으로 표현해 보고, 나눗셈에서는 묶음수와 나머지가 어떻게 변해가는지 아이와 이야기를 나눕니다.

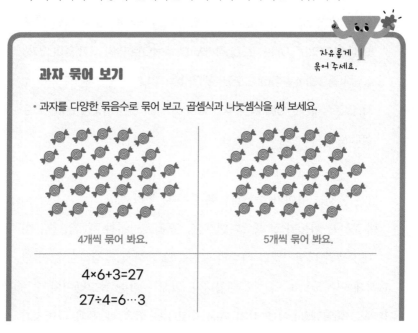

자유롭게 묶어 주세요.

과자 묶어 보기

• 과자를 다양한 묶음수로 묶어 보고, 곱셈식과 나눗셈식을 써 보세요.

4개씩 묶어 봐요.

5개씩 묶어 봐요.

$$4×6+3=27$$
$$27÷4=6\cdots3$$

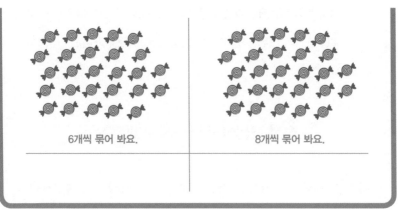

6개씩 묶어 봐요.　　　　8개씩 묶어 봐요.

왼쪽 상단 그림을 예로 들어 설명해 주세요.

"모두 몇 개인지 세어 볼까? (아이가 다 세면) 맞아, 모두 27개네. 이제 4개씩 묶어 볼까? 몇 묶음이 나왔어? (아이가 대답하면) 모두 6묶음이 되었네. 여기 있는 3개는 4보다 작아서 한 묶음으로 만들 수가 없어. 27을 4개씩 묶으면 6묶음이 나오고 3개가 남는구나. 5, 6, 8개씩도 묶어 보자. 같은 수를 한 번에 묶는 수가 점점 커질 때 묶음 어떻게 변하는지도 살펴 보자."

남은 문제는 아이가 주도적으로 풀어 보게 하세요.

이 문제를 아이가 잘 풀었다면, 다음 문제로 넘어갈 차례입니다. 이는 나눗셈의 나머지뿐만 아니라 묶음수와 몫까지 시각적으로 더 명료하게 인지하도록 돕는 문제입니다. 역시나 파란 동그라미의 수는 19개로 동일해요. 이를 각기 다른 수로 나누었을 때 몫과 나머지가 어떻게 변하는지 보며, 나눗셈과 나머지의 개념을 익혀 나갑니다.

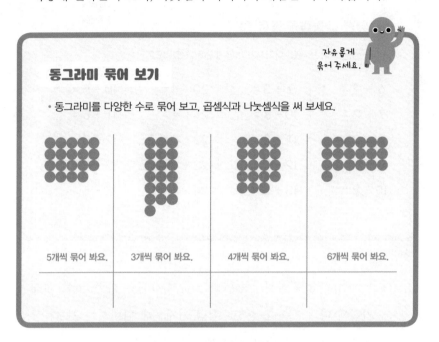

자유롭게 묶어 주세요.

동그라미 묶어 보기

• 동그라미를 다양한 수로 묶어 보고, 곱셈식과 나눗셈식을 써 보세요.

| 5개씩 묶어 봐요. | 3개씩 묶어 봐요. | 4개씩 묶어 봐요. | 6개씩 묶어 봐요. |

그림 없이 곱셈식과 나눗셈식 세우기

이제는 이미지를 제외하고 수식만으로 나머지가 있는 나눗셈 문제를 풀게 해 주세요. 아주 쉬운 문제부터 시작할 텐데요, 여기에서 '나머지는 나누는 수보다 항상 작다'라는 사실을 인지하게 돕는 문제 세트를 소개합니다. 이 개념은 최상위 심화 문제집에서 빈번히 응용되는 개념입니다. 어려운 문제로 어려운 개념을 이해하는 것보다 쉬운 문제로 어려운 개념을 쉽게 이해하는 게 훨씬 좋습니다.

나머지는
슬프겠군!

다양한 나눗셈을 풀어 보기

• 나눗셈을 풀어 보세요! 나머지가 어떻게 변하고 있나요?

6 ÷ 2 = _____	9 ÷ 3 = _____	20 ÷ 4 = _____	10 ÷ 5 = _____
7 ÷ 2 = _____	10 ÷ 3 = _____	21 ÷ 4 = _____	11 ÷ 5 = _____
8 ÷ 2 = _____	11 ÷ 3 = _____	22 ÷ 4 = _____	12 ÷ 5 = _____
9 ÷ 2 = _____	12 ÷ 3 = _____	23 ÷ 4 = _____	13 ÷ 5 = _____
10 ÷ 2 = _____	13 ÷ 3 = _____	24 ÷ 4 = _____	14 ÷ 5 = _____

예를 들어 가장 왼쪽의 2로 나누는 문제 세트를 풀면, 몫은 전체 수가 커짐에 따라 3-3-4-4-5로 점점 커지는데 나머지는 2보다 작은 1 아니면 0이라는 사실을 발견할 수 있습니다. 2개가 되면 한 묶음으로 묶일 수 있으니까 나머지는 나누는 수보다 항상 작을 수밖에 없죠. 어른이 보기엔 당연한 사실이지만 아이에겐 조금 어려운 개념입니다. 아이가 한 세트의 문제를 다 풀 때마다, 몫과 나머지의 변화를 보면서 함께 이야기 나누며 이 사실을 깨닫게 해 주세요.

반대로 다음 쪽의 문제에서는 나뉘는 수는 고정되어 있고, 나누는 수가 1씩 커지고 있습니다. 아이는 앞뒤 수의 변화에 따른 몫과 나머지의 변화를 살펴보며 나눗셈에 대한 이해를 확장해 나갈 수 있습니다.

먼저 한 문제 세트를 전체적으로 살펴보면서 어떤 공통점과 차이

점이 있는지 확인합니다. 이때 아이에게 친숙한 소재와 상황을 예로 들면 조금 더 쉽게 이해할 수 있습니다. 첫 번째 문제 세트를 가지고 아이에게 이렇게 설명할 수 있습니다.

다양한 나눗셈을 풀어 보기

나머지가 변하나?

• 나눗셈을 풀어 보세요! 나머지가 어떻게 변하고 있나요?

$10 \div 2 =$ _____	$20 \div 3 =$ _____	$30 \div 4 =$ _____	$40 \div 5 =$ _____
$10 \div 3 =$ _____	$20 \div 4 =$ _____	$30 \div 5 =$ _____	$40 \div 6 =$ _____
$10 \div 4 =$ _____	$20 \div 5 =$ _____	$30 \div 6 =$ _____	$40 \div 7 =$ _____
$10 \div 5 =$ _____	$20 \div 6 =$ _____	$30 \div 7 =$ _____	$40 \div 8 =$ _____
$10 \div 6 =$ _____	$20 \div 7 =$ _____	$30 \div 8 =$ _____	$40 \div 9 =$ _____

$15 \div 2 =$ _____	$16 \div 3 =$ _____	$17 \div 4 =$ _____	$18 \div 5 =$ _____
$15 \div 3 =$ _____	$16 \div 4 =$ _____	$17 \div 5 =$ _____	$18 \div 6 =$ _____
$15 \div 4 =$ _____	$16 \div 5 =$ _____	$17 \div 6 =$ _____	$18 \div 7 =$ _____
$15 \div 5 =$ _____	$16 \div 6 =$ _____	$17 \div 7 =$ _____	$18 \div 8 =$ _____
$15 \div 6 =$ _____	$16 \div 7 =$ _____	$17 \div 8 =$ _____	$18 \div 9 =$ _____

"나누어지는 수는 10으로 똑같은데, 뒤의 나누는 수가 1씩 커지고 있네. 사탕 10개를 2명이, 3명이, 4명이, 5명이, 6명이 나눠 먹는 것과 같아. 사탕 수는 정해져 있는데, 나누어 먹어야 할 친구 수가 점점 늘어나면 어떻게 될까? 맞아. 네가 먹을 수 있는 사탕이 점점 줄어들게 될 거야.

그리고 똑같이 나누어 줘야 하니까 나누지 못하는 나머지가 생길 수도 있지. 진짜 그런지 우리 한번 계산해 볼까?"

계산을 완료한 후 몫과 나머지를 살펴보며 나뉘는 수가 그대로면서, 나누는 수가 커지면 몫은 점점 줄어들고, 나머지는 나누는 수보다 항상 작음을 확인합니다.

직접 나눗셈식 만들어 보기

잘 따라왔다면, 지금까지의 사고 과정과는 반대로 주어진 나머지를 만족하는 식을 만들어 보는 문제입니다. 단순히 주어진 식을 계산하는 것과 수식을 만들기 위해 고민하는 건 뇌과학적으로 천지 차이입니다. 전자는 수동적인 입장으로 문제를 푸는 사람의 시각으로 문제를 바라보게 되고요, 후자는 능동적인 입장으로 출제자의 시각으로 문제를 볼 수 있어요. 어릴 때부터 이런 연습을 하면 출제자의 의도를 파악하는 습관을 체득해서, 처음 접하는 어려운 문제를 만나더라도 어렵지 않게 문제를 풀게 될 것입니다.

이 문제를 처음 접한 아이들은 많이 당황스러울 수 있습니다. 어디서부터 생각해야 할지조차 모를 수 있어요. 그때는 충분히 아이를 기다려 주세요. 그런 다음, 쉬운 예시를 하나 던져 주세요. 일상에서 접할 수 있는 예시로 말이죠.

스스로
만들어요!

나눗셈을 만들기

• 조건에 맞는 나눗셈을 만들어요!

나머지가 2인 나눗셈

_____ ÷ _____ = _____ ···2

_____ ÷ _____ = _____ ···2

_____ ÷ _____ = _____ ···2

나머지가 3인 나눗셈

_____ ÷ _____ = _____ ···3

_____ ÷ _____ = _____ ···3

_____ ÷ _____ = _____ ···3

나머지가 4인 나눗셈

_____ ÷ _____ = _____ ···4

_____ ÷ _____ = _____ ···4

_____ ÷ _____ = _____ ···4

나머지가 5인 나눗셈

_____ ÷ _____ = _____ ···5

_____ ÷ _____ = _____ ···5

_____ ÷ _____ = _____ ···5

"사탕 8개를 3명이 나눠 먹으면 몇 개가 남더라?"

그러면 아이는 거기서부터 차근히 문제를 생각해 보기 시작할 거예요. 이 문제를 통해서 아이들은 나머지는 나누는 수보다 항상 작다는 사실과, 문제의 숫자들을 채우기 위해서는 나눗셈과 역연산 관계에 있는 곱셈을 이용해야 한다는 사실을 이해하고 실제로 문제를 푸는 데 적용해 나갈 거예요.

자, 나머지가 있는 나눗셈을 끝으로 나눗셈편이 마무리되었습니다. 앞뒤 수의 변화에 따른 몫의 변화, 나머지의 특징 등 나눗셈의 중요한 개념들을 쉬운 문제들을 이용해 깊이 있게 살펴봤죠. 여기서 배운 개념을 바탕으로 독일 3학년 과정에서부터는 본격적으로 수 가르기를 통한 나눗셈을 배우게 돼요. 하지만 걱정 마세요. 나눗셈의 개념을 잘 배운 아이는 어떠한 나눗셈을 만나도 두렵지 않을 거예요.

정확히 알면 '통한다'

지금까지 덧셈, 뺄셈, 곱셈, 나눗셈 연산의 핵심이 되는 개념들과 이를 아이에게 어떻게 지도하면 좋을지를 살펴봤습니다. 모두 수고하셨습니다!

여기까지 달려온 우리 아이는 연산이 무엇이고 어떤 개념과 원리인지 정확하게 익혔을 거예요. 그리하여 수를 보고 분석하는 눈, 즉 수 감각이 예리해졌을 거고요. 이것을 길러 주기 위해 길고 긴 여정을 거쳤죠.

아이가 독일 교과서식으로 사칙연산의 기본 개념을 잘 익혔다면 자리 수가 늘어나거나 수의 형태가 바뀐다고 해도 크게 당황하지 않고 이전에 익힌 방법들을 활용해 쉽게 익혀 나갈 수 있으리라 생각합니다. 또한 수학을 쉽고 할 만하다고 여기게 되면서 연산 외의 다른 영역도 잘할 것이고요.

그렇다면 3학년 이후의 연산 학습에 있어 중요한 건 무엇일까요?

첫째, 개념을 확실히 잡아 주세요.

언제나 문제 풀이가 아닌 개념 이해가 중요합니다. 이를 설명하기 위해, 1장에서 이미 이야기한 분수를 다시 한 번 예로 들어 볼게요. 왜 아이들은 분수를 그렇게 어려워하는 것일까요?

우선 분수 자체가 아이에게 이해하기 어려운 추상적인 개념입니다. 2학년 때와 달리 분수, 분모, 분자, 가분수, 진분수, 대분수까지 한자어로 된 '개념 파티'가 열리죠. 이렇게 혼란스러운데, 그전 과정인 나눗셈을 제대로 이해하지 못한 아이는 절대 분수를 잘할 수 없어요. 수학은 그전 단계를 이해해야만 다음 단계를 이해할 수 있으니까요.

그런데 초등 수학에서는 개념을 명확히 사용하지 않고 요령으로 풀고 넘어갈 수 있는 함정이 여기저기 존재해요. 특히 나눗셈을 배울 때 문제를 곱셈구구로 뚝딱 풀 수 있는 부분이 많아요. (6장에서 이미 설명했지요?) 오히려 똑똑한 아이들이 그렇게 요령으로 풀면서 쉽고 빠르게 넘어가는 경우가 많은데, 그렇게 나눗셈의 개념이 명확하지 않은 상태에서 분수를 만나면 헤매게 되는 거예요.

분수를 어려워하는 또 다른 이유는 나눗셈뿐만 아니라 덧셈, 뺄셈, 곱셈의 연산이 잘 안 되기 때문이에요. 분수의 특성상 한 문제에서 수행해야 하는 연산이 많거든요. 4학년 2학기 때 배우는 대분수-가분수 뺄셈 문제로 살펴볼게요.

$$5\frac{2}{7} - \frac{19}{7}$$

이 문제를 풀려면 곱셈과 덧셈을 해서 대분수를 가분수로 바꿔야 하고, 그 다음 분자끼리 빼는 과정에서 받아내림이 있는 두 자리 수 뺄셈을 해야 하고요(37-19), 마지막에는 대분수로 바꾸기 위해 나머지가 있는 나눗셈을 해야 합니다(18÷7). 사실 1~2학년 때 배운 것들이죠. 그런데 이걸 계산하면서 대분수를 가분수로 만들 때 암산이 안 되어 직접 식을 써 봐야 한다거나, 두 자리 수 뺄셈을 가로셈으로 해결하지 못해 세로셈으로 바꿔 써야 한다면 어떨까요? 아이가 체감하는 복잡도가 높을 수밖에 없습니다.

따라서 아이가 분수를 만나 헤매게 하지 않으려면 해야 할 것은 명확하겠죠? 처음부터 분수의 개념과 용어를 익히는 데 공을 들여야 합니다. 특히 이미 배운 나눗셈의 다른 형태임을 명확하게 알려주세요. 나눗셈의 핵심 개념인 '전체를 똑같은 수로 나눈다'와 '몫'의 개념을 손과 눈으로 충분히 숙지하도록 도와야 하죠. $\frac{1}{4}$은 모양이 다를 뿐 1÷4와 개념상 동일합니다. 이 과정에서 아이에게 개념 결손이 보인다면 필요한 단계로 돌아가 연습시켜야겠죠. 모으기, 가르기, 묶어 세기 등등. 분수는 갑자기 튀어나온 사칙연산이 아니라 그전에 배운 연산을 토대로 합니다. 그렇게 개념부터 잡아가면 정확하고 빠르게 계산할 수 있어요.

그런 의미에서, 아이가 문제를 풀 때 중요한 건 답을 내는 것이 아니라 문제를 풀 때 개념을 정확히 썼는지입니다. 아이에게 이 문제를 어떻게 풀었는지 물어보고, 개념을 정확히 알고 풀었는지 체크하세요. (참고로 독일 초등학교에는 발표 및 토론 시간이 있어 이 과정이 자연스럽게 이루어집니다.)

분수나 소수 같은 연산뿐 아니라 도형이나 측정같이 아이들이 어려워하는 영역을 공부할 때도 마찬가지입니다. 부모에게 개념을 설명할 수 있을 정도로 확실하게 이해하도록 도우세요. 그게 빠른 선행이나 많은 문제 풀이보다 훨씬 중요해요.

둘째, 수 감각을 길러 주세요.

수학에서는 10진법을 토대로 한 예리한 수 감각이 중요합니다. 수를 갖고 놀 줄 아는 아이는 자리 수가 커지거나 형태가 바뀌어도 당황하지 않아요. 이 능력은 문제를 풀 때, 특히 자리 수가 큰 곱셈과 나눗셈을 할 때 빛이 납니다. 아무리 큰 수도 자신이 이해할 수 있는 형태로 쪼개고 바꿀 수 있고, 수를 어림해 문제에 따라 올리거나 내려서 계산하기 쉬운 수를 찾아갑니다. 계산을 쉽게 만들어 문제를 해결하는 시간을 줄이고 정확도는 올림으로써, 연산은 편하게 끝내고 생각이 필요한 부분들에 시간을 더 투자할 수 있어요.

1~2학년 과정을 독일 교과서식으로 꼼꼼히 배웠다면 자릿값 개념이 명확할 거예요. 아이가 이 책에서 제시한 대로 수를 갖고 노는 연습을 많이 했다면, 수를 보면 '감'이 잡히고 문제를 보면 해결 방법이 떠오를 거예요. 그 감은 우연히 생겨난 것이 아니고 연습을 통

해 형성된 것이지요.

마지막으로, 아이를 믿고 응원해 주세요.

3학년부터는 한 문제 한 문제에 들여야 할 노력과 시간이 만만치 않습니다. 그러니 하루에 많은 문제를 푸는 것을 목표로 잡지 말기 바랍니다. 적은 문제라도 개념을 올바로 사용해 차근히, 그리고 스스로 계산할 수 있는 시간을 허락해 주세요.

부모 입장에서는 몇 문제 안 푼 것 같아 불안할 수도 있어요. 또 연산 실수를 줄이려면 문제를 많이 풀어 봐야 한다고 생각할 수도 있죠. 하지만 시간을 들여서라도 차근차근 문제를 풀면서 확실히 개념을 익혀야 해요. 여러 문제를 많이 푸는 것보다, 적은 양의 문제라도 이 문제를 통해 아이가 무엇을 알았는지가 훨씬 중요합니다.

스스로 계산할 수 있는 시간을 허락해야 아이가 적은 양의 문제라도 혼자 해결해 보면서 스스로 '해냈다'라는 긍정적인 경험이 쌓입니다. 그러면 수학에 대한 감정이 좋아지고, 수학을 '할 만한' 것으로 여기게 되어 성취감과 자신감이 높아집니다. 독일 초등학생들의 수학에 대한 흥미도와 자신감이 왜 세계 상위권인지 꼭 기억하고, 아이를 믿고 응원해 주세요.

개념을 확실히 알고, 수를 갖고 놀 줄 알며, 수학을 재미있게 공부한다면 이후의 과정도 문제 없을 거라 생각합니다. 수학원리를 제대로 배운 아이는 쉽게 계산합니다!

개념이 곧 문제해결력이다

지금까지 독일 교과서식 사칙연산 학습법을 알려 드렸습니다. 결코 짧지 않은 글을 통해 제가 전하고자 했던 이야기, 다시 말해 독일 교과서식 사칙연산 학습법의 핵심은 무엇일까요? 딱 한 문장으로 요약할 수 있습니다.

개념이 곧 문제해결력이라는 것이죠.

이미 책을 일독했다면 알 수 있겠지만, 이 책에는 어렵고 복잡한 문제들이 등장하지 않습니다. 오히려 쉽고 재미있기까지 해요. 그 쉬운 문제들을 체계적으로 정리해 제시함으로써 어려운 개념을 확실하게 이해하도록 안내하는 것이 독일 교과서식 사칙연산의 묘미입니다.

우리나라식 수학 교육을 따로 받지 않은 큰아이가 독일에서 3학년 과정을 끝낸 후 한국에서 인기 있는 몇몇 심화 문제집을 풀었는데, 어렵지 않게 스스로 풀어 내더라고요. 심화 문제도 사고력 수학도, 수학의 기본 개념만 철저히 다지면 어렵지 않게 스스로 할 수 있다는 증거입니다.

쉽게 배우는데 어려운 문제도 잘 풀 수 있다는 사실이 참 신기하지 않나요? 대부분 어려운 문제를 잘 풀려면 어려운 것을 어렵게 배워야 한다고 생각하니까요.

저는 독일 교과서식 사칙연산을 알게 된 후로는 늘 기본 개념에 집중합니다. 결국 모든 문제는 거기에서 출발하기 때문이죠. 개념을 제대로 알고, 문제를 풀기 전 이 문제를 어떻게 해결하면 좋을지 먼저 설계하는 습관이 핵심입니다. 이 두 가지만 기억하고 실천해도 수학이 한결 수월해질 거라 확신합니다. 독일 교과서식 사칙연산 학습법을 잘 따라간다면 더 쉽게 익힐 수 있을 것이고요.

수학을 하며 우는 아이들이 독일 교과서식 사칙연산을 만나고 수학을 하며 웃게 되었으면 하는 소망을 담아 이 책을 썼습니다. 부디 이 책을 만난 모든 부모님의 자녀들이 쉽게 배우고 잘 푸는 기적을 직접 경험하길 바랍니다!

마지막으로 엄마의 책을 위해 엄마가 만든 문제와 각종 사고력 수학, 심화 수학 문제집을 풀어 주고, 글 쓰느라 바쁜 엄마를 이해해준 큰아이와 작은아이에게 고마움을 전합니다. 더 완성도 높은 책을 위해 뇌과학자의 관점에서 많은 조언을 해 주고 함께 교과서를 살피고 원고를 검토해 주고, 끝까지 잘할 수 있다고 늘 곁에서 응원해 준 남편에게도 고마움을 전합니다. 또 책이 나오기까지 기다려 주신 많은 SNS 이웃들에게도 감사의 마음을 전합니다.

뇌과학자 아빠가
독일 교과서식 사칙연산을 권하는 이유

최상천(뇌과학 박사)

이 책을 선택하신 독자 여러분, 반갑습니다. 저는《수학원리를 제대로 배운 아이는 쉽게 계산합니다》를 집필한 차지혜 작가의 남편입니다. 수학과 뇌과학으로 각각 석사 학위와 박사 학위를 받았으며, 이 책을 수학적·뇌과학적 측면에서 검토하는 역할을 맡았습니다.

우리 가족이 독일 교과서식 사칙연산을 접하게 된 건 사실 저 때문입니다. 기업에서 인공지능 관련 연구를 수행하다가, 2018년 뇌과학 및 인공지능에 대해 더욱 깊이 있는 연구를 진행하고자 독일에 있는 막스플랑크 연구소(Max Planck Institute)에서 박사 과정을 밟기로 결정했기 때문입니다. 우리 가족은 독일 튀빙겐에서 생활하게 되었고, 그곳에서 우리 아이들은 독일 교육, 그 중에서도 독일 교과서식 사칙연산을 만나고 눈부시게 발전했습니다. 큰아이는 독일 영재 수업(Hector Kinder-Academie)을 받고 있고, 오빠보다 3살 아래인 딸은 동갑내기 독일 친구들보다 1년 빨리 월반하여 2학년을 다니고 있습니다.

이 책을 펼친 독자들에게 제가 꼭 드리고 싶은 말씀이 있습니다. 수학은 마치 시계 속 톱니바퀴처럼 앞뒤가 맞물려 있는 과목이라는 사실입니다. 작은 톱니바퀴가 잘 돌아가야 이와 연결된 큰 톱니바퀴가 잘 돌아갑니다. 만약 작은 톱니바퀴가 잘 돌아가지 않는데 무작정 큰 톱니바퀴를 돌리려 한다면 수학이라는 시계는 절대로 작동하지 않을 것입니다. 수학은 개별적이고 분절된 원리를 공부하는 학문이 아니기 때문에, 각 단계를 순차적으로 배워야 그 다음의 심화된 개념을 더 깊이 이해할 수 있습니다. 이 책에서 다루는 사칙연산이 정말 중요한 이유입니다.

초등학교 때 연산의 기본 원리를 제대로 배워야만 중·고등학교 때 배우는 심화 개념을 자연스럽고 쉽게 이해할 수 있습니다. 예를 들어 덧셈과 뺄셈은 적분과 미분을 이해하기 위해 가장 기본이 되는 개념입니다. 가장 작은 단위의 수들로 잘게 쪼갠(나눈) 후 이들 모두를 더한 것이 적분이며, 그 쪼개진 것 중 하나만 남기고 나머지는 뺀 것이 미분입니다. 그러니 덧셈과 뺄셈의 개념을 초등학교 때 명확히 이해해야 고등학교 때 미적분을 정확히 이해할 수 있습니다. 그런데 많은 초등학생들이 하는 것처럼, 문제집에서 제시하는 단순 계산만 해서는 절대 덧셈과 뺄셈이 무엇인지 '제대로' 익힐 수 없습니다.

수를 처음 접하는 아이들에게 덧셈과 뺄셈을 계산하는 것은 생소하고 어려운 일입니다. 사칙연산의 가장 첫 단계이자 중요한 단계인 더하기와 빼기를 덧셈 기호와 뺄셈 기호를 통해 덥석 계산부터 시작해서 답을 구하는 방식만 익히려고 한다면, 수학을 처음 시작하는 저학년 아이들에게 수학은 그저 지루하고 반복적인 공부가 되어버릴 수 있습니다.

따라서 독일 초등학교 교과서는 단순 계산을 통해 답을 구하기에 앞서 다양한 놀이와 구체물 등을 통해 아이들의 시지각적 인지(visuospatial cognition)를 높여 줍니다. 이로 인해 아이들의 뇌는 덧셈과 뺄셈을 쉽고 재밌는 놀이처럼 받아들입니다. 그런 다음 대신 수 체계(10진법), 수 감각, 연산의 개념을 문제를 풀며 자연스럽게 익히게 유도합니다. 책을 읽어 나가며 독자 여러분도 느끼겠지만, 독일 교과서식 수학은 수 체계에 대한 이해를 바탕으로 연산 원리에 접근합니다. 때문에 아이들이 확고한 자신감을 가지고 문제를 해결할 수 있습니다.

뇌과학자로서 또 아빠로서 독일 교과서를 공부하고 검토하며, 독일 교과서로 배운 아이들의 뇌 역시 많이 다를 것이란 생각이 들었습니다. 단편적으로 암기하고 계산하는 데 익숙한 아이들은 해당 기능에 필요한 뇌의 작은 부분만 사용합니다. 반면 전체에 대한 이해를 강조하는 독일 교과서는 뇌 전체를 사용하도록 유도하기에, 이렇게 공부한 아이들은 뇌 전체를 사용하는 종합적인 사고를 하는 데 익숙해집니다. 그토록 강조하는 '종합적 사고력'을 교과서를 통해 기를 수 있습니다.

이 책에 실린 독일 교과서식 사칙연산을 검토하면 검토할수록 왜

수학원리를 제대로 배운 아이는 쉽게 계산합니다

독일 아이들이 수학, 과학에 강하고 나아가 독일이 미국와 더불어 노벨상을 가장 많이 받은 나라인지 저절로 알게 되었습니다. 이 놀라운 연산의 세계, 독자 여러분도 꼭 아이와 함께 공부하고 경험하면 좋겠습니다.

독일 교과서식 사칙연산 공부를 위한 도구 모음
파일 다운로드 후 아이와 즐겁게 활용해 보세요!

수학원리를 제대로 배운 아이는

쉽게 계산합니다

초판 1쇄 발행일 2022년 1월 5일
개정판 2쇄 발행일 2024년 5월 12일

지은이 차지혜
펴낸이 金昇芝
편집 김도영 노현주
디자인 별을 잡는 그물 양미정

펴낸곳 블루무스
출판등록 제2022-000085호
전화 070-4062-1908
팩스 02-6280-1908
주소 경기도 파주시 경의로 1114 에펠타워 406호

이메일 bluemoose_editor@naver.com
인스타그램 @bluemoose_books

ⓒ 차지혜, 2022
ISBN 979-11-91426-84-7 03370

블루무스는 일상에서 새로운 시선을 발견해 현재를 더욱 가치 있게 만들고자 합니다.